Anneli Klipphahn

Ein ganz besonderer Stern

Vorlesegeschichten für den Advent

Illustriert von Liliane Oser

Über die Autorin

Anneli Klipphahn studierte Religionspädagogik und arbeitete in verschiedenen Kirchengemeinden und Schulen als Diplom-Pädagogin. Während dieser Zeit fing sie an, Geschichten für Kinder zu schreiben. Mittlerweile hat sie sich ganz dem Schreiben zugewandt. Sie ist verheiratet, hat vier erwachsene Kinder und wohnt in Dresden.

Inhalt

Das beste Geschenk — 4

Advent, Advent … — 12

Der Adventskranz — 20

Wolfi, Flummi und Eduard — 28

Der Nikolaus kommt — 37

Das Paket — 45

Ein Stern für alle — 52

Wer knackt die Nuss? — 60

So lange noch bis Weihnachten! — 68

In der Weihnachtsbäckerei — 77

Oh, es riecht gut … — 86

Vom Paradiesbaum zum Weihnachtsbaum — 95

Emma und Philipp helfen Frau Brückner — 102

Franziskus feiert Weihnachten — 111

Ein besonderer Heiligabend — 119

Das beste Geschenk

Mit zusammengezogenen Brauen ließ der elfjährige
Philipp den Rest seiner Bratwurst unter den Tisch
fallen. Sofort sprang der Mischlingshund der Familie
Sandner herbei und verschlang die Wurst.

Philipps fünfjährige Schwester Emma schaute von
ihrem Teller auf. „Du darfst Wolfi nicht am Tisch füt-
tern!"

„Emma hat recht." Die Mutter deutete auf den Hund,
der hechelnd zu Philipp aufblickte. „Schau nur, wie er
bettelt."

„Sitz!", befahl Philipp.

Wolfi gehorchte und legte eine Pfote auf Philipps Bein.

„Müssen wir unbedingt heute für Advent schmücken?",
fragte Philipp. „Heute ist Freitag. Wir können das doch
morgen machen!"

„Das ist zu spät." Mama schüttelte den Kopf. „Wer weiß,
ob die Beleuchtung unseres Fensterschmucks noch

funktioniert. Falls etwas kaputt ist, kann Papa sich morgen darum kümmern."

Emma klatschte in die Hände. „Ich freu mich aufs Schmücken! Ich weiß gar nicht mehr, was alles in der großen Kiste drin ist."

„Aber ich wollte mich am Nachmittag mit Felix treffen", murrte Philipp. „Eine Glühbirne zu wechseln ist doch kein Ding."

Mama stellte die Teller zusammen. „Manchmal ist etwas anderes kaputt, dann dauert die Reparatur länger. Oder wir müssen noch etwas besorgen. Es bleibt dabei. Wir schmücken heute."

Seufzend nahm Philipp sein Handy, um seinem Freund eine Nachricht zu schreiben. Eine halbe Stunde später holte er den Räuchermann aus dem Karton mit dem Adventsschmuck. Die Holzfigur trug eine grüne Jacke und einen grünen Hut „Na, Herr Förster? Haben Sie Ihren Sommerschlaf gut überstanden?"

„Sommerschlaf?" Kichernd wickelte Emma etwas Kleineres aus. „Oh, Mama! Das ist der Engel mit der Tuba! Den hat Oma dir letztes Weihnachten geschenkt!"

„Das weißt du noch?" Mama schaute auf.

„Na klar weiß ich das!"

Vorsichtig stellte Emma die Figur in das Regalfach, das für die Engelskapelle vorgesehen war. „Bestimmt war das dein liebstes Weihnachtsgeschenk. Du sammelst doch diese Engel."

„Nun ja." Nachdenklich wiegte Mama den Kopf. „Tatsächlich habe ich mich sehr darüber gefreut. Aber mein liebstes Geschenk war der Engel nicht."

Philipp stellte den Räuchermann ab. „Also ich denke, die Kette, die Papa dir geschenkt hat, war dein bestes Geschenk."

Lächelnd berührte Mama die Kette an ihrem Hals. „Auch darüber habe ich mich riesig gefreut. Aber mein liebstes Geschenk war etwas anderes."

„Vielleicht war es das?" Emma flitzte zu einem Blumenständer aus Holz. „Den hat Opa doch extra nach deinen Wünschen gebaut."

„Ja, der Blumenständer ist wirklich klasse, doch mein liebstes Geschenk ist noch da drin." Mama deutete auf die Adventskiste.

Ratlos musterte Philipp den Karton. „Außer dem Engel von Oma hast du doch gar nichts bekommen, was mit Advent zu tun hat."

„Nun sag schon, Mama!", drängelte Emma.

„Gut, ich zeig's euch." Mama zog eine große Mappe aus der Adventskiste.

Emma hüpfte an ihre Seite. „Aber das sind ja unsere Fensterbilder! Die haben wir letztes Jahr gebastelt."

„Echt?" Philipp runzelte die Stirn. „Das ist dein liebstes Geschenk? Zwei Fensterbilder aus buntem Papier?"

„Das ist kein einfaches buntes Papier!" Emma stemmte die Hände in die Seiten. „Das ist Tonkarton mit Transparentpapier!"

Philipp verdrehte die Augen. „Weiß ich doch."

„Das Ausschneiden war ganz schön schwer." Emma atmete tief durch. „Als ich das gebastelt habe, war ich nämlich noch viel kleiner!"

„Und ich musste dir ständig helfen", seufzte Philipp.

Mama öffnete die Mappe. „Die Fensterbilder sind für mich etwas ganz Besonderes. Sie zeigen mir, wie lieb ihr mich habt. Sicher hat es lange gedauert, das alles zu basteln."

„Hm." Philipp wiegte den Kopf. „Es war schwierig, weil wir es heimlich machen mussten."

„Es sollte ja eine Überraschung sein", ergänzte Emma.

„Und diese Überraschung ist euch gelungen. Wisst ihr, die wertvollsten Geschenke kann man nicht kaufen, sie sind tausendmal besser als alles Geld der Welt. Zum Beispiel die Liebe ist ein solches Geschenk. Wenn man etwas für andere Menschen tut, zeigt man ihnen, dass man sie mag."

Erst nahm Mama Maria, Josef und das Kind in der Krippe aus der Mappe, dann die Hirten mit den Schafen. „Es gibt noch einen anderen Grund, warum ich euer Geschenk so toll finde. Wenn ich die Bilder ans Fenster hänge, erinnern sie uns – und all die Leute, die an unserem Haus vorbeigehen – an das Wichtigste an Weihnachten."

„Ich weiß, was das Wichtigste ist!" Emma hob den Finger. „Die Geburt von Jesus!"

„So ist es. Aus Liebe zu uns Menschen hat Gott seinen Sohn auf die Erde geschickt. Das ist das größte Geschenk, das er uns machen konnte." Mama setzte sich auf einen Stuhl und nahm die Adventskiste auf den Schoß. „Die meisten unserer Bräuche hängen irgendwie mit der Geburt Jesu zusammen."

„Echt?" Philipp deutete auf den Räuchermann. „Der etwa auch?"

„Ja. Der Weihrauchduft der Räucherkerzen erinnert an die Geschenke der Weisen aus dem Morgenland. In der Bibel werden sie auch Sterndeuter genannt. Sie haben dem Jesuskind Gold, Weihrauch und Myrrhe gebracht. Diese Dinge waren damals sehr teuer, nur reiche Menschen konnten so etwas verschenken."

Mama zog ein Buch aus der Kiste. „Schaut mal, was ich hier gefunden habe: ein Buch über Adventsbräuche! Wir könnten in dieser Adventszeit einige Geschichten daraus lesen."

„Coole Idee!" Philipp hob dem Daumen.

„Oh ja!", rief Emma. „Ich liebe Geschichten! Und dabei zünden wir Kerzen an und machen es uns richtig gemütlich."

„Ich freue mich auf unser Zusammensein." Nachdenklich runzelte Mama die Stirn. „Aber wir sollten auch an die Menschen denken, die an Weihnachten allein sind."

„Kein Problem." Philipp winkte ab. „Bis Heiligabend ist noch viel Zeit. Da fällt uns garantiert was ein."

Die Weisen aus dem Morgenland

„Weise" bedeutet „klug". Wahrscheinlich waren „die Weisen" Wissenschaftler, die sich auch mit den Sternen beschäftigten. Für die Weisen war klar: Jesus ist der König und der Retter der Welt. Darum brachten sie ihm königliche Geschenke. Mit dem Gold sagten sie: „Du bist unser König." Weihrauch ist das duftende Harz des Weihrauchbaumes.
Damit drückten sie aus: „Du, Jesus, kommst von Gott." Und mit dem teuren Harz des Myrrhe-baums machten sie deutlich: „Jesus, wir verehren dich."

 ## Gemeinsam über den Advent nachdenken

Die Mutter sagt: „Die wertvollsten Geschenke kann man nicht kaufen." Und: „Wenn wir etwas für andere Menschen tun, zeigen wir ihnen, dass wir sie mögen."

- Was sind für dich wertvolle Geschenke, die man nicht kaufen kann?
- Wem könntest du in dieser Adventszeit zeigen, dass du an ihn denkst?

Advent, Advent ...

Stolz zeigte Emma ihrem Vater ein kleines Kästchen, das sie im Kindergarten gebastelt hatte. „Das habe ich ganz allein gemacht."

„Das sieht ja toll aus!" Papa zwinkerte Emma zu.

„Bekomme ich das zu Weihnachten?"

„Aber Papa!", rief Emma. „Wenn das für dich wäre, hätte ich es dir doch nicht gezeigt. Ich will es jemandem aus dem Haus schenken."

„Du hast also schon damit begonnen, Geschenke für die Leute auf deiner Liste zu basteln?" Papa lächelte. „Das ist gut."

Sachte öffnete Emma das Kästchen. „Ich muss nur noch etwas hineintun. Einen kleinen Stern vielleicht."

Nach dem Abendessen zündete Papa im Wohnzimmer die Kerzen an. Emma setzte sich zu Mama aufs Sofa und Wolfi machte es sich auf dem Teppich gemütlich. Philipp holte den Räuchermann, zündete eine Räucherkerze an und stellte sie vorsichtig auf das kleine Metalltellerchen im Bauch des Räucherförsters.

Lächelnd lehnte Mama sich zurück. „Unsere erste Geschichte heißt:

Die Ankunft

Es war Nacht. Als der Hase Hoppsi auf der Wiese nach würzigen Kräutern suchte, traf er eine Maus und eine Schnecke. „Oh! Ich dachte, ich wäre allein hier?!" Da ertönte hinter ihm eine Stimme: „Hallo, hallo!"

Erschrocken fuhr Hoppsi herum und sah einen Hund, der rasch näher kam. „Der Hund ist viel kleiner als ich", stellte Hoppsi fest. „Puh, wie gut. Er kann mir nichts tun."

Hechelnd blieb der Hund stehen. „Hallo, du ... äh ... ihr! Kommt ihr mit nach Bethlehem?"

„Bethlehem?", fragte die Schnecke. „Übrigens ... ich heiße Selma."

„Und ich bin Meta", piepste die Maus.

„Hoppsi", stellte sich nun auch der Hase vor. „Ja, also ... was sollen wir denn in Bethlehem?"

„Ein besonderes Kind ist dort geboren. Es liegt in einer Futterkrippe", erklärte der Hund.

„Was?" Selma streckte ihre Fühler aus. „Und woher weißt du das?"

„Ich bin vorhin den Hirten begegnet." Der Hund wedelte mit dem Schwanz. „Sie sind unterwegs zu dem Kind in der Krippe. Also muss es ein besonderes Kind sein.

Denn sonst hätten die Hirten ihre Herde nicht allein gelassen."

„Hm, klingt logisch." Meta fuhr sich mit der Pfote übers Ohr. „Wenn du mir versprichst, dass du mich nicht frisst, komme ich mit."

„Ich fresse doch keine Mäuse!" Der Hund schüttelte sich. „Und erst recht keine Schnecken!"

„Dann komme ich auch mit", wisperte Selma. „Doch erst möchte ich wissen, wie du heißt. Du hast dich noch gar nicht vorgestellt!"

„Mein Herrchen nennt mich ‚Feinschmecker'." Der Hund leckte sich über die Schnauze. „Ihr könnt Feini zu mir sagen."

Hoppsi klatschte in die Pfoten. „Lasst uns das Kind suchen! Sonst verpassen wir es vielleicht noch."

Also machten sich Hoppsi, Selma, Meta und Feini auf den Weg. Plötzlich pfiff Meta: „Halt! Wir haben die Schnecke verloren!"

„Kein Problem", bellte Feini. „Meine Spürnase wird sie schneller finden, als ihr Wuff sagen könnt." Rasch drehte er sich um und rannte zurück.

Hoppsi und Meta eilten ihm nach.

„Vielleicht hat sie sich verlaufen?", überlegte Hoppsi. Da hörte er Selma rufen: „Hier gibt es die duftigsten Blumen, die ich jemals gerochen habe!"

„Ach hier bist du!", brummte Feini. „Fast wäre ich über dich gestolpert."

Meta steckte ihre Nase in die Blumen. „Mhmm, du hast recht, Selma. Die riechen himmlisch!"

„Hm." Der Hase fuhr sich über die Nase. „Ich frage mich, warum ich die nicht gesehen habe."

Die Schnecke hob den Kopf. „Weil du durch die Gegend hastest, als wäre der Fuchs hinter dir her! Lass dir Zeit, sonst verpasst du eine Menge!"

Empört schüttelte Hoppsi den Kopf. „Das kommt gar nicht in die Rübe. Ich bin der schnellste Hase weit und breit, das muss ich doch beweisen!"

„Gib nicht so an!", knurrte Feini. „Ich bin schneller als du."

„Machen wir ein Wettrennen?", fiepte die Maus.

„Was redet ihr da?" Selma pflückte eine besonders schöne Blume und steckte sie auf ihr Schneckenhaus. „Ihr müsst nichts beweisen. Habt ihr vergessen, was wir vorhaben? Wir wollen das Kind in der Krippe besuchen!"

Feini räusperte sich. „Wuff! Selma hat recht. Das Kind im Stall ist unser Ziel. Auf geht's!" Schon lief der Hund los. Die drei Freunde folgten ihm.

Kurze Zeit später rief Feini: „Zurück! Selma fehlt schon wieder! Wir dürfen niemanden verlieren!!"

„Schon wieder umkehren", stöhnte Hoppsi. „Das Schneckentempo nervt! Und deine Befehle auch, Feini."

„Was soll das heißen?" Knurrend fletschte der Hund die Zähne. „Willst du dich mit mir anlegen?"

Meta stieß einen Pfiff aus. „Hört auf zu streiten! Da ist Selma ja! Schaut mal, was sie entdeckt hat!"

„Sind sie nicht wunderschön?" Selma deutete mit ihren Fühlern hinauf zu den Sternen. „Sie bringen Licht in die dunkle Nacht. Und begleiten uns auf dem Weg zum Kind!"

„Selma hat recht." Feini setzte sich neben die Schnecke. „Und Meta hat auch recht. Wenn wir streiten, denken wir nur an uns selbst. Und wir vergessen dabei das Kind in der Krippe."

Auf dem weiteren Weg nach Bethlehem mussten der Hase, der Hund und die Maus immer wieder anhalten. Selma zeigte ihnen viele kleine Wunder, an denen sie sonst achtlos vorbeigehastet wären.

Endlich rief Hoppsi: „Da ist ja der Stall!"

„Diesmal werden wir nicht vorauslaufen", entschied Feini. „Wir werden gemeinsam beim Kind in der Krippe ankommen." Vorsichtig nahm er die Schnecke hoch und setzte sie sich auf den Rücken.

„So etwas gab es noch nie!", kicherte die Maus. „Ein Hund, der eine Schnecke huckepack nimmt."

Nun ja, das ist ja auch die Heilige Nacht." Ungeduldig trat Hoppsi von einem Bein auf das andere. „Die Nacht der großen Wunder."

Im Stall machte Hoppsi vor Freude den größten Luftsprung aller Zeiten und dachte gar nicht mehr daran, damit zu prahlen. Und dem Hund machte es gar nichts aus, dass die Schnecke sein Fell verklebt hatte. Wichtig war nur das Kind in der Krippe. Langsam kroch Selma auf den Rand der Futterkrippe und schenkte dem Kind die Blume, die sie auf dem Weg zum Stall gepflückt hatte. Staunend hob sie die Fühler: „Die Nähe dieses Kindes ist besser als der Duft der schönsten Blumen, der Geschmack der köstlichsten Tautropfen – und tröstlicher als das Licht der hellsten Sterne!"

„Genau!", piepste die Maus. „Dieses Kind ist das Licht."

„Lustig", kicherte Emma. „Eine Schnecke, die mit viel schnelleren Tieren unterwegs ist."

Papa nickte. „Ganz verschiedene Tiere haben sich auf den Weg zur Krippe gemacht. Dabei lernten sie, achtsam miteinander umzugehen. Und auch mal stehen zu bleiben und sich über Kleinigkeiten zu freuen."

„Diese Geschichte macht deutlich, worum es in der Adventszeit geht", sagte Mama. „Wir bereiten uns auf die Ankunft Jesu vor; wir machen uns auf den Weg zu ihm. Dabei kommt es nicht auf besondere Leistungen an. Im Mittelpunkt der Adventszeit stehen die Vorfreude auf die Ankunft Jesu und die Gemeinschaft. Wir sind gemeinsam unterwegs zu Jesus."

Geschenkschachtel basteln

Emma hat im Kindergarten ein Geschenkkästchen gebastelt. Und so geht's:

- Eine Streichholzschachtel oder eine beliebige andere Schachtel mit Geschenkpapier bekleben.
- Oder: eine Schachtel aus einem quadratischen Blatt falten. Eine genaue Anleitung findest du unter: www.besserbasteln.de > Origami > Gegenstände falten. Oder gib „Wir falten eine Origami Schachtel aus Papier. Leicht für Kinder zum Basteln. Anleitung" bei YouTube ein.

Der Adventskranz

„Darf ich die Kerze am Adventskranz anzünden?"
Emma deutete auf die Schachtel mit den extralangen
Streichhölzern. „Damit kann ich das bestimmt."
„Das ist zu gefährlich für dich", brummte Philipp.
Emma verdrehte die Augen. „Ich weiß selber, dass Feu-
er gefährlich ist. Aber wenn Mama und Papa dabei sind,
kann ich das doch mal versuchen."
Mama wiegte den Kopf. „Aber nur, wenn du uns ver-
sprichst, so etwas nie allein zu machen."
„Na klar verspreche ich das!" Emma trat aufgeregt von
einem Bein aufs andere. „Ich habe doch selber Angst
vor Feuer."
„Na gut", sagte Papa. „Wir versuchen es gemeinsam."
Nachdem Emma mit Papas Hilfe die Kerze angezündet
hatte, kuschelte sie sich zu Mama auf das Sofa.
„Heute lese ich euch eine Geschichte vor." Papa nahm
das Buch und setzte sich in den Sessel. „Wir unternehmen eine kleine Zeitreise in das Jahr 1840, nach
Hamburg."

Vielleicht wird doch noch Weihnachten

„Nun komm schon, Marie!" Ungeduldig zog Paul seine kleine Schwester hinter sich her. „Lass bloß meine Hand nicht los!"

Trotz Kälte und Schnee wimmelte es auf dem Hamburger Wochenmarkt von Menschen. Die Leute bereiten sich auf Weihnachten vor, dachte der Zehnjährige. Doch für uns wird es kein Weihnachten geben.

„Meine Füße sind schon ganz kalt", jammerte Marie. „Und ich hab Hunger."

„Wenn dir kalt ist, musst du schneller laufen." Rasch schob Paul seine Schwester an den Bauern vorbei, die lebende Gänse, Tauben und Hühner verkauften. Die Tiere schlugen mit den Flügeln und gackerten vor Aufregung.

Etwas abseits boten Fischhändler ihre Ware an. Wenn Mama noch da wäre, würde ich denen mit wenig Geld ein Essen für mehrere Tage abluchsen, dachte Paul. Doch jetzt habe ich weder Geld noch ein Feuer, auf dem ich etwas braten kann. Wir haben nicht mal mehr ein Dach über dem Kopf. Ach, Mama. Warum bist du nicht mehr da?

Nun fing Marie auch noch an zu weinen, und das machte Paul noch trauriger. Was sollte er tun? Vielleicht konnte er an einem

Bäckerstand etwas Brot stehlen? Aber mit Marie im Schlepptau war das unmöglich, sie war viel zu langsam.

Verzweifelt zog Paul seine Schwester unter einen Torbogen.

„Warte hier! Ich besorge etwas zu essen. Nicht weglaufen!"

„Nein!", schrie Marie. „Lass mich nicht allein!"

„Ich muss das allein machen", versuchte Paul zu erklären. „Ich komme gleich wieder, das versprech…"

„Na, ihr beiden", ertönte hinter ihnen eine Männerstimme. „Habt ihr Hunger?"

Erschrocken fuhr Paul herum. Der Mann war ordentlich gekleidet. Er sah freundlich aus. Aber ob man ihm trauen konnte?

„Ja", wimmerte Marie. „Wir haben Hunger. Und unsere Mama ist gestorben."

„Oh. Das ist schlimm", sagte der Mann. „Und was ist mit eurem Papa?"

Schniefend wischte Marie sich über die Augen. „Wir haben keinen Papa."

„Lassen Sie uns in Ruhe!" Paul griff nach der Hand seiner Schwester.

Doch der Mann fragte weiter. „Wo wohnt ihr?"

Marie zuckte mit den Schultern.

Paul zog an Maries Arm. „Komm! Wir gehen!"

„Wartet!" Der Mann stellte sich ihnen in den Weg. „Ich kann euch helfen." Lächelnd hockte er sich vor Marie hin. „Es gibt ein Haus, in dem viele Kinder leben. Kinder wie ihr. Ihr bekommt dort genug zu essen und ein warmes Bett."

Misstrauisch musterte Paul den Fremden. Ein Haus. Essen. Ein Bett. Wärme. Sicherheit. Das klang gut. Viel zu gut.

Der Mann richtete sich auf und streckte Paul seine Hand entgegen. „Mein Name ist Johann Hinrich Wichern."

Zögernd nahm Paul die Hand. „Paul. Und meine Schwester heißt Marie."

„Ich bin Pfarrer und Lehrer", erklärte Herr Wichern. „Gott hat euch lieb. Das weiß ich. Gott hat alle Menschen lieb, aber die Kinder liebt er besonders. Deshalb hat Gott mir, meiner Frau und einigen anderen Christen geholfen, ein Haus für Kinder einzurichten. Es heißt ‚Das Rauhe Haus'. Wenn ihr möchtet, bringe ich euch dahin. Dort bekommt ihr auch sofort etwas zu essen."

„Oh ja!", rief Marie, bevor Paul antworten konnte. „Ich habe solchen Hunger!"

Wir können es ja mal versuchen, dachte Paul. *Und falls der Mann gelogen hat, laufen wir weg.*

Am nächsten Morgen saßen Paul und Marie mit vielen anderen Kindern im „Betsaal" des „Rauhen Hauses". Sie hatten gut geschlafen, saubere Kleidung bekommen und sich seit Langem mal wieder satt gegessen.

In der Mitte des Raumes lag ein großes Wagenrad. Darauf waren zahlreiche Kerzen befestigt: vier große weiße und viele kleinere, rote Kerzen.

Pfarrer Wichern nickte Paul und Marie zu und deutete auf das geschmückte Wagenrad. „Das ist ein Adventskranz", erklärte er. „Den habe ich mir vergangenes Jahr ausgedacht. Weil die Kinder ständig gefragt haben, wann endlich Weihnachten ist."

Während ein anderer Erzieher einige Kerzen auf dem großen Wagenrad anzündete, sprach Pfarrer Wichern zu den Kindern: „An jedem Tag zünden wir eine Kerze mehr an. Die großen weißen Kerzen stehen für die Adventssonntage. Und die roten Kerzen dazwischen stehen für die Wochentage.

Bald ist Weihnachten. Das Fest, an dem wir die Geburt Jesu

feiern. Jeder Tag der Adventszeit bringt
uns dem Fest der Geburt Jesu ein Stück
näher. An jedem Tag wird es ein bisschen
heller und wärmer.

Die Kerzen stehen für Jesus, das Licht der
Welt. Gottes Liebe ist größer als alles, was
wir uns vorstellen können. Aus Liebe hat
Gott seinen Sohn zu uns Menschen geschickt. Jesus kam als
armes, kleines Kind auf die Welt; in Windeln gewickelt lag er in
einer Futterkrippe. Das Licht der Kerzen soll uns immer daran
erinnern: Gott ist da, für jeden von uns. Er hat uns lieb. Wir
dürfen mit ihm reden. Wir dürfen ihm alles sagen. Er lässt uns
nie allein."

Marie nahm Pauls Hand und flüsterte: „Bleiben wir hier?"

„Ja. Wir bleiben." Paul nickte. „Vielleicht wird es nun doch noch
richtig Weihnachten für uns."

Philipp zwinkerte seiner Schwester zu. „Wenn wir so viele Kerzen hätten, wie auf diesem Adventskranz waren, hättest du mindestens drei Streichhölzer zum Anzünden gebraucht."

Mama lächelte. „Ja, gegen Ende der Adventszeit dauerte es immer länger, die vielen Kerzen anzuzünden. Wahrscheinlich hat man deshalb den Adventskranz später nur noch mit den vier großen Kerzen für die Adventssonntage geschmückt."

Philipp blickte Papa fragend an. „Ist die Geschichte in echt passiert?"

„Teilweise", antwortete Papa. „Johann Hinrich Wichern hat tatsächlich im Jahr 1833 das sogenannte ‚Rauhe Haus' in Hamburg gegründet – und damit vielen obdachlosen Kindern ein neues Zuhause geschenkt. 1839 hat er sich dann den Adventskranz ausgedacht, weil die Kinder ständig gefragt haben, wann Weihnachten ist."

„Ich bin so froh, dass ich euch habe." Emma kuschelte sich an Mama. „Am liebsten würde ich gleich einem armen Kind etwas von meinem Spielzeug schenken."

Mama strich Emma über den Kopf. „Das ist eine tolle Idee. Wenn die Sachen noch gut erhalten sind, kannst du anderen Kindern damit eine Freude bereiten."

„Und in deinem Zimmer Platz für die nächsten

Geschenke schaffen." Grinsend hob Philipp den Daumen. „Wenn wir jemanden finden, der sich darüber freut, sortiere ich morgen auch aus."

 ## kreativer Aventskranz

Habt ihr schon einen Adventskranz? Wenn nicht, könnt ihr einfach einen „Kranz" mit vier Lichtern selbst basteln (aus 4 Teelichtern, 4 Marmeladengläsern, Tannenzweigen, Deko, Schleifen, einer großen Holzscheibe oder einem runden Tablett).

Freude verschenken

Vielleicht besitzt auch du etwas, was du nicht mehr so oft nutzt und verschenken kannst? Es sollte aber noch gut erhalten sein.

Es gibt viele Möglichkeiten, gebrauchte Sachen abzugeben: „Die Tafel", „Kaleb", Kinderheime; Anlaufstellen für Straßenkinder; Sammelaktionen für Bedürftige im Ausland; Flohmarkt, dessen Erlös gespendet wird ...

Wolfi, Flummi und Eduard

Während Philipp über einer Matheaufgabe grübelte, läutete es an der Wohnungstür.

Mama war rasch etwas besorgen gegangen und Papa war noch nicht da.

„Ich mache auf!", rief Emma.

„Warte!" Philipp sprang auf und eilte aus dem Zimmer, doch es war zu spät. Schon hatte Emma die Tür geöffnet und Wolfi schoss bellend an ihr vorbei.

„Oh nein!" Emma schlug die Hände vors Gesicht.

Im Hausflur stand die fünfjährige Lilly aus der Nachbarwohnung und fing an zu weinen. „Ich ... wollte mit Emma spielen und ... und als ich bei euch geklingelt habe, hat Flummi sich bei uns rausgeschlichen. "

Emma ließ ihre Hände sinken. „Und jetzt ist Wolfi der Katze nachgerannt!"

Philipp blickte sich um. „Wo sind sie?"

Ratlos zuckten die Mädchen mit den Schultern.

Da erschien der zehnjährige Felix an der Tür der Nachbarwohnung und schimpfte mit seiner kleinen Schwes-

28

ter. „Lilly, wo ist die Katze? Ich habe doch gesagt, du sollst aufpassen, dass Flummi nicht rausrennt!"

„Aber ich wollte doch nur mit Emma spielen", jammerte Lilly. „Flummi ist durch die Tür gehuscht …"

In diesem Moment bellte Wolfi erneut, etwas leiser hörte man die Katze fauchen.

„Sie sind oben!" Zwei Stufen auf einmal nehmend hastete Philipp die Treppe hinauf. Felix und die Mädchen rannten ihm nach.

Da ertönte im obersten Stockwerk die Stimme von Frau Brückner. „Oh nein! Mein Papagei …!" Frau Brückner gehörte zur selben Kirchgemeinde wie die Familie von Philipp und Emma. Oft nahmen sie die ältere Dame mit dem Auto mit zum Gottesdienst.

Als die Jungs in der dritten Etage ankamen, hörten sie durch die angelehnte Tür Wolfis Gebell und das Kreischen des Papageis.

Rasch eilten Philipp und Felix in Frau Brückners Wohnung und riefen nach Wolfi und Flummi. Erschrocken schauten sie sich um. Die Katze saß mit  geräubtem Fell auf dem Wohnzimmerschrank und machte einen Buckel. Der Papagei hockte auf der Gardinenstange und kreischte immer wieder: „Schluss mit lustig! Ab in den Käfig!" Und Wolfi rannte zwischen Schrank und Fenster hin und her und bellte mal die Katze und mal den Papagei an.

„Hierher, Wolfi!", befahl Philipp. Mit ausgebreiteten Armen versuchte er, Wolfi den Weg zur Katze zu versperren. Währenddessen stieg Felix auf einen Stuhl und angelte nach Flummi, die fauchend auf dem Schrank zurückwich. Unterhalb der Gardinenstange stand Frau Brückner und redete beruhigend auf den Papagei ein: „Ganz ruhig, Eduard. Ruuuuuhig!" Aber der Papagei schrie weiter: „Schluss mit lustig! Ab in den Käfig!" Endlich gelang es Philipp, Wolfi am Halsband zu packen. Rasch zerrte er ihn an Emma und Lilly vorbei zur Tür. Als er den Hund in die Wohnung gebracht und beruhigt hatte, kamen Emma und Lilly. „Frau Brückner hat gesagt, wir sollen alle noch mal zu ihr kommen", sagte Emma.

„Aber ohne Wolfi und Flummi", ergänzte Lilly.

„Hat Felix die Katze endlich erwischt?", fragte Philipp. Lilly nickte. „Er hat sie eingesperrt."

Emma deutete nach oben. „Nur Eduard sitzt noch auf der Gardinenstange. Frau Brückner hat gesagt, dass sie nun doch lieber nicht weggehen will. Sie will mit uns reden."

Philipp seufzte: „Bestimmt bekommen wir jetzt mega-großen Ärger."

Wenige Minuten später standen die vier Kinder wieder vor Frau Brückners Tür. Als die alte Dame ihnen öffnete, sah sie überhaupt nicht böse aus. „Nun kommt bitte noch mal herein." Lächelnd deutete sie in Richtung Wohnzimmer.

Der Papagei turnte immer noch auf der Gardinenstange herum und kreischte: „Schluss mit lustig! Ab in den Käfig! Schluss mit lustig!"

„Eduard ist immer noch aufgeregt", erklärte Frau Brückner. „Schließlich bekommt er nicht alle Tage Besuch von einer Katze und einem Hund. Wisst ihr, ich wollte gerade rausgehen, da huschten Flummi und Wolfi wie der Blitz an mir vorbei ..."

„Das tut uns leid", sagten Philipp und Felix gleichzeitig.

„Ich ... ich wollte das nicht. Flummi ist mir ausgerissen." Lilly nahm Emmas Hand und klammerte sich an sie, als wollte sie bei ihr Schutz suchen.

„Ich wollte das auch nicht", sagte Emma leise. „Wolfi ist an mir vorbeigerannt, als ich die Tür aufgemacht habe." Lächelnd strich Frau Brückner den Mädchen übers Haar. „Schon gut, das kann jedem mal passieren."

„Ab in den Käfig!", rief Eduard.

„Ach, sei doch still, Eduard!" Frau Brückner schaute zu

ihm hinauf und winkte ab. „Dein Käfig ist doch viel zu klein für uns alle."

„Schluss mit lustig!", antwortete der Papagei.
Da mussten die beiden Mädchen kichern.
Philipp atmete tief durch. Bloß gut, dass Wolfi und Flummi keine Chance hatten, den Vogel zu fangen!
Frau Brückner deutete auf die Tür. „Als Flummi und Wolfi kamen, wollte ich mir gerade ein paar Barbarazweige aus dem Garten holen."
„Was sind denn Barbarazweige?", fragte Lilly.
„Das sind Zweige, die man am 4. Dezember schneidet", erklärte Frau Brückner. „Am Tag der heiligen Barbara. Sie lebte im vierten Jahrhundert, zur Zeit des Römischen Weltreichs. Damals ordnete der Kaiser an: ‚Alle Menschen sollen mich anbeten!' Doch Barbara gehörte zu Jesus Christus – sie war Christin. Die Christen sagten: ‚Wir beten keine Menschen an. Wir beten nur Gott an und seinen Sohn Jesus Christus.' Da befahl der

Kaiser: ‚Ich verlange, dass ihr euren Glauben an Jesus aufgebt. Wenn ihr das nicht tut, müsst ihr sterben!‘ Aber Barbara sagte: ‚Ich werde meinen Glauben an Jesus niemals aufgeben. Jesus lebt! Ihr könnt mir das Leben nehmen, aber Jesus könnt ihr mir nicht nehmen. Er wird mich durch den Tod begleiten – bis in mein neues Zuhause bei Gott.‘

Weil Barbara weiter an Jesus glaubte, wurde sie verhaftet. Als man sie zum Gefängnis führte, blieb ein Zweig von einem Kirschbaum an ihrem Kleid hängen. Barbara stellte den Zweig ins Wasser und er bekam wunderschöne Blüten. Lächelnd sagte sie zu dem Zweig: ‚Du warst wie tot. Aber jetzt bist du aufgeblüht zu neuem Leben. So wird es auch bei meinem Tod sein. Ich werde zu neuem, ewigem Leben aufblühen!‘

Wenn wir am 4. Dezember Zweige vom Kirsch- oder Pflaumenbaum, von der Forsythie oder dem Mandelbäumchen in die Wohnung holen und in die Vase stellen, blühen sie bis bis zum Weihnachtsfest auf. Die Blüten erinnern an das neue Leben, das Jesus auch uns nach dem Tod verspricht.“

Frau Brückner blickte erst Philipp und dann Felix an. „Habt ihr Lust, einige Zweige abzuschneiden? Vom Kirschbaum, der unten im Hof steht. Dann muss ich meinen aufgeregten Papagei nicht allein lassen."

„Klar machen wir das!", rief Felix.

Philipp hob den Daumen." Da können wir auch gleich
welche für uns mit abschneiden."

„Prima." Frau Brückner gab Philipp eine Gartenschere.
„Und danach würde ich euch gern zum Plätzchenkos-
ten einladen. Ich backe für mein Leben gern, aber das
Naschen macht allein nicht so viel Spaß." Sie wandte
sich an die Mädchen. „Meint ihr, ihr könnt mir beim
Tischdecken helfen? In der Zwischenzeit geben die
Jungs euren Eltern Bescheid und holen die Zweige."
Lilly nickte begeistert. Und Emma rief: „Plätzchen sind
soooo lecker!"

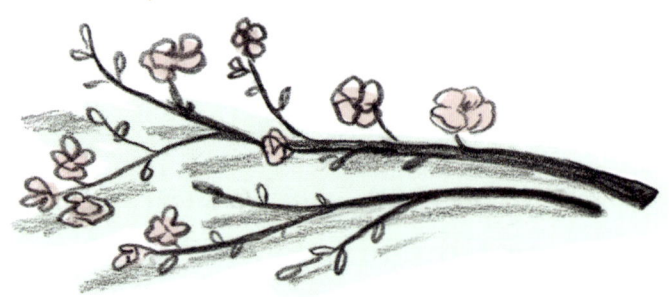

 ## Barbarazweige schneiden

- Damals wollte der Kaiser den Christen verbieten, an Jesus zu glauben. Heute können wir in unserem Land ohne Angst an Jesus glauben – es gibt kein Verbot. Aber manche Menschen lachen über den Glauben an Jesus. Hast du das auch schon mal erlebt?

- Zum Schneiden von Barbarazweigen braucht ihr eine scharfe Schere oder ein Messer. Lasst euch von einem Erwachsenen helfen. Wählt Zweige, die viele Knospen haben. Stellt sie in eine Vase und wechselt regelmäßig das Wasser.

Der Nikolaus kommt

Am Abend brachte Emma eine Tüte Gummibärchen mit ins Wohnzimmer. „Möchtet ihr was davon? Die habe ich heute vom Nikolaus bekommen."

Philipp stellte seinen Naschteller in die Mitte des Tisches. „Von mir könnt ihr auch was nehmen."

„Danke." Papa strich sich über den Bauch. „Ich bin noch satt vom Abendessen."

„Ich möchte auch nichts." Mama blickte von einem zum anderen. „Aber es ist lieb, dass ihr mit uns teilen möchtet."

„Ist doch klar!" Philipp nahm sich einen Schoko-Nikolaus. „Ihr teilt doch auch immer mit uns."

Papa deutete auf den Nikolaus. „Ihm war das Teilen auch sehr wichtig. Und wir unternehmen jetzt eine Zeitreise ins 4. Jahrhundert – nach Myra, einer Stadt, die heute ‚Demre' heißt und in der Türkei liegt."

Bischof Nikolaus und die Seeräuber

Mit knurrendem Magen warf der achtjährige Georg seine Angel aus. Dann schaute er seinen Freund Jakob an, der ebenfalls angelte. „Wollen wir teilen, wenn einer von uns was fängt?"

„Na gut", antwortete Jakob. „Den ersten Fisch teilen wir. Aber wenn ich mehr fange, bekommt das meine Familie."

„Von mir auch", seufzte Georg. „Meine kleine Schwester hat die ganze Nacht vor Hunger geweint. Durch die Hitze ist in unserem Garten alles verdorrt."

„Und zu kaufen gibt es auch nichts mehr." Jakob blickte aufs Meer hinaus. „Ich frage mich, wann die Getreideschiffe endlich kommen. Wenn das noch lange dauert, verhungern wir."

„Habt ihr schon was geangelt?", fragte plötzlich jemand hinter ihnen.

Jakob fuhr herum und entdeckte seine Schwester Anna mit ihrer Freundin Ida. Traurig schüttelte er den Kopf.

Ida deutete auf die Kirche. „Wir gehen zu Bischof Nikolaus. Mama hat gesagt, ein Bischof ist etwas ganz Besonderes. Alle Pfarrer der Umgebung müssen auf ihn hören."

Jakob nickte. „Und unser Bischof Nikolaus redet nicht bloß von Gottes Liebe. Er zeigt sie uns auch."

„Ja, er schleicht abends durch die Straßen und beschenkt Kinder und Notleidende." Anna kicherte. „Er macht das heimlich, aber viele haben ihn schon dabei beobachtet."

Erneut deutete Ida auf die Kirche. „Wir gehen jetzt zu Bischof

Nikolaus, weil er gleich mit uns allen beten wird. Gott kann dafür sorgen, dass die Getreideschiffe endlich kommen."

Jakob wandte sich wieder seiner Angel zu. „Wir bleiben lieber hier und versuchen, etwas zu fangen."

„Und dabei halten wir Ausschau nach den Schiffen", fügte Georg hinzu.

Gegen Mittag hatten sie noch immer nichts gefangen. Auf einmal sprang Jakob auf und rief aufgeregt: „Die Schiffe! Sie kommen! Wir müssen den Leuten Bescheid sagen!" Sofort eilten sie los.

Als Georg und Jakob später wieder am Hafen ankamen, standen dort schon viele Menschen, unter ihnen Anna und Ida.

Mit Tränen in den Augen zeigte Anna auf ein schwarzes Schiff mit Seeräuberflagge. „Die lassen die Getreideschiffe nicht durch! Seht nur! Die Seeräuber steigen in ein Boot und kommen her!"

Mit weit aufgerissenen Augen beobachtete Georg, wie das Boot der Seeräuber im Hafen anlegte.

„He, Leute!", rief einer der Seeräuber. „Bringt eure Schätze her! Wir wollen Gold und Silber! Wenn ihr unser Schiff damit füllt, lassen wir die Getreideschiffe durch!"

Schweren Herzens holten die Leute ihren Schmuck und alles, was aus Gold oder Silber war.

Nachdem die Seeräuber alles eingesammelt und mit dem Boot aufs Schiff gebracht hatten, kamen sie zurück an den Hafen. „Das Schiff ist noch nicht mal halb voll!", rief einer von ihnen. „Wir können die Getreideschiffe nicht hereinlassen."

Da fingen die Einwohner von Myra an zu klagen. „Wir haben euch alles gegeben! Wir besitzen kein Gold und Silber mehr! Bitte lasst die Schiffe herein."

Plötzlich rief ein Seeräuber: „Na gut. Dann gebt uns jetzt eure Kinder! Wir werden sie mitnehmen und an reiche Leute verkaufen."

Georg spürte, wie seine Knie weich wurden.

„Nein, nein!", jammerten die Menschen. „Nicht unsere Kinder!" In diesem Moment kam Bischof Nikolaus. „Auf keinen Fall geben wir die Kinder weg!", rief er den Seeräubern zu. „Hört! In unserer Kirche gibt es noch Schätze. Die goldenen Kelche und Teller für das heilige Abendmahl, die Taufkanne und die Leuchter. Ich bringe euch diese Schätze. Aber dann müsst ihr den Hafen verlassen!"

„Schätze?" Die Seeräuber runzelten die Stirn. „Hol das Zeug her. Wir wollen es sehen!"

Nikolaus und einige Helfer rannten los. Unterwegs sagte Nikolaus: „Nichts ist so wertvoll wie die Kinder! Kinder sind

der größte Schatz, den Gott uns Menschen schenkt."

Gott sei Dank waren die Seeräuber zufrieden mit den Kirchenschätzen. Endlich fuhr das schwarze Schiff aufs Meer hinaus und die Getreideschiffe konnten im Hafen von Myra anlegen. „Wir sind gerettet!", jubelten die Menschen. „Wir haben wieder Mehl! Wir werden Brot backen! Wir müssen nicht mehr hungern."

Bischof Nikolaus aber schlich weiterhin abends durch die Straßen und beschenkte die Kinder und alle Menschen, die in Not waren.

„Dann hat der Bischof Nikolaus wirklich gelebt?", fragte Philipp.

Papa nickte. „Es gibt historische Berichte und viele Legenden über ihn. Legenden sind Geschichten, die sich die Menschen immer weitererzählt haben, von einem zum anderen. Wenn eine Geschichte immer wieder erzählt wird, verändert sie sich manchmal. Dennoch hat eine Legende einen wahren Kern. Was wir ganz sicher über Nikolaus von Myra wissen: Er wollte leben, wie es Jesus gefällt. Nikolaus hat nicht nur über Gottes Wort gesprochen, sondern auch danach gelebt. Er liebte die Menschen, besonders die Kinder. Bischof Nikolaus ist an einem 6. Dezember gestorben. Nach seinem Tod beschlossen die Menschen: ‚Wir werden Bischof Nikolaus nie vergessen. Er soll viele Nachfolger haben. Immer am 6. Dezember soll der Nikolaus heimlich die Kinder beschenken.'"

 ## Das Nikolausspiel

Oft wird Nikolaus mit einem Schiff dargestellt. Legt mit Süßigkeiten die Form eines Schiffes. Ihr könnt auch ein Schiff auf ein DIN-A3-Blatt malen und Süßigkeiten in das Schiff hineinlegen. (Entweder stellen die Eltern die Naschereien dafür zur Verfügung oder jeder wählt etwas von seinem Nikolausteller aus, das er mit den anderen teilen möchte.)

Nun wird reihum gewürfelt. Wer eine Sechs hat, darf etwas vom Schiff nehmen und einem anderen schenken. Achtet dabei darauf, wer noch gar nichts oder sehr wenig hat.

Wenn alle Schätze verteilt sind, ist das Spiel zu Ende.

Abwandlung: Es können auch immer zwei Süßigkeiten nebeneinandergelegt werden, z. B. zwei Gummibärchen. Wer eine Sechs würfelt, darf sich jeweils zwei nehmen und eins davon verschenken.

Und vergesst nicht, Gutes zu tun und mit anderen zu teilen. An solchen Opfern hat Gott Freude. (Hebräer 13,16)

Das Paket

Als Philipp nach Hause kam, zog Emma ihn in die Küche. „Endlich kommst du! Der Postbote hat ein Paket von Oma und Opa gebracht.

Lächelnd nickte Mama ihm zu. „Ihr dürft es zusammen auspacken."

„Cool!" Rasch holte Philipp eine Schere und fing an, das Klebeband aufzuschneiden. Dann öffnete er das Paket und entdeckte als Erstes eine bunte Keksdose, die mit Omas selbst gebackenen Plätzchen gefüllt war.

„Jetzt bin ich dran!" Emma schob Philipps Arm weg und angelte ein quadratisches Päckchen aus dem Karton. Es war in goldenes Geschenkpapier eingewickelt. Philipp riss es ihr aus der Hand. „Da steht mein Name drauf!"

Emma war bereits dabei, das nächste Päckchen aus dem Karton zu holen. Es hatte dieselbe Größe wie das erste. „Das ist für mich. Meinen Namen kann ich schon lesen!" Nachdem sie ihr Geschenk auf den Tisch gelegt hatte, zog sie eine größere, längliche Schachtel aus dem Paket.

„Für die ganze Familie", las Philipp vor.

Ganz unten im Paket lag ein Briefumschlag, den er
Mama weiterreichte. Dann begann Philipp, sein Geschenk auszupacken. „Das sind ja drei solche Sterne,
wie Oma und Opa sie haben!", stellte er überrascht fest.
„Die hänge ich mir ins Fenster."

„Ich habe auch welche bekommen!", jubelte Emma.
Währenddessen nahm Mama mehrere Blätter aus dem
großen Umschlag. „Ein Brief von Oma und Opa", murmelte sie. „Und eine Geschichte."

 Liebe Sophie und lieber Martin,
liebe Emma und lieber Philipp,

in diesem Jahr bekommt ihr vorfristige Geschenke von uns, sie sollen euch durch die Adventszeit begleiten.

In der vergangenen Woche haben wir mit anderen Leuten aus unserer Kirchengemeinde den Ort besucht, wo die Sterne herkommen, mit denen wir im Advent unser Fenster schmücken. Er heißt Herrnhut. Das bedeutet „unter der Hut des Herrn", also unter Gottes Schutz.

Vor ungefähr dreihundert Jahren gab es dort nur Felder und Wälder. Sie gehörten einem Grafen, der an Jesus Christus glaubte. Sein Name war Nikolaus Ludwig Graf von Zinzendorf. In den Nachbarländern wurden zu dieser Zeit Christen wegen ihres Glaubens verfolgt. Sie mussten ihre Heimat verlassen und flüchteten nach Sachsen. Weil Zinzendorf Gott und die Menschen lieb hatte, nahm er die fremden Christen auf. Sie durften auf seinen Feldern Häuser bauen. So gründeten sie den Ort „Herrnhut" und eine christliche Gemeinschaft. Diese Gemeinschaft nannten sie „Brüdergemeine", weil sie wie Schwestern und Brüder gemeinsam leben wollten, wie es Gott gefällt. Dazu gehörte auch, den Glauben an Jesus nicht für sich zu behalten. „Überall auf der Welt gibt es Menschen, die noch nichts von Jesus wissen", sagten sie einige Jahre später. „Wir wollen deshalb zu ihnen gehen und ihnen von Jesus erzählen." Also zogen sie in ferne Länder, lebten mit den Menschen dort, halfen den Kranken und erzählten von Gott … (Menschen, die so etwas tun, nennt man übrigens Missionare.)

In Herrnhut entstanden auch die besonderen Sterne, die in der Adventszeit in vielen Kirchen, auf Straßen und Plätzen, vor Häusern und in Wohnungen hängen.

Ihr wisst ja: Die Sterne erinnern uns an die Weisen, die durch einen Stern zum Kind in der Krippe geführt wurden. Bei unserem Besuch in der Herrnhuter Schauwerkstatt erfuhren wir noch von einer anderen Bedeutung des Sternes: Im letzten Buch der Bibel sagt Jesus: „Ich bin der helle Morgenstern" (Offenbarung 22,16). Der Stern weist uns also auch auf Jesus hin. Er ist das Licht, das stärker als die Finsternis ist.

Die Herrnhuter Sterne werden noch heute von Hand hergestellt und in viele Länder verschickt.

Wir wünschen euch eine gesegnete Adventszeit!
Eure Oma und euer Opa

„Ich würde auch gern mal zugucken, wie die Sterne gemacht werden", seufzte Emma.

„Emma hat recht." Mama steckte den Brief wieder in den Umschlag. Vielleicht fahren wir nächstes Jahr mal nach Herrnhut. Dort gibt es nämlich noch viel mehr zu sehen als die Sternenwerkstatt."

Mama deutete auf die längliche Schachtel. „Ihr dürft noch dieses Geschenk auspacken. Ich kann mir schon denken, was da drin ist."

Rasch schnappte Philipp sich das Päckchen und entfernte das Geschenkpapier.

„Hey, jetzt bin ich dran!" Emma umklammerte den Karton mit beiden Händen.

Philipp trat einen Schritt zur Seite. „Aber mach ja vorsichtig!"

„Ich bin doch kein Baby!" Sachte nahm Emma einen Stapel gelbe Zacken aus dem Karton. Die Zacken waren ineinandergesteckt.

„Wow!" Philipp blickte ihr über die Schulter. „Das ist ein großer Stern, den man zusammenbauen muss. Voll krass, dass der in so eine kleine Schachtel passt."

Er faltete die Bauanleitung auseinander. „Das ist voll cool. Ich werde den Stern gleich zusammenbasteln!"

Als Papa nach Hause kam, hüpfte Emma ihm singend entgegen: „Stern über Bethlehem, zeig uns den Weg, führ uns zur Krippe hin …"

„Hoppla!" Papa lachte. „Das ist ja eine tolle Begrüßung. Dazu die vielen Sterne in unseren Fenstern …"

Philipp hob den Daumen. „Die haben wir von Oma und Opa bekommen."

Emma nickte. „Den großen hat Philipp zusammen-gebaut."

„Klasse!" Papa klopfte Philipp auf die Schulter. „Das ist eine ziemliche Fummelei. Dazu hätte ich heute Abend keine Lust mehr gehabt."

„Ach, das war doch kein Problem." Philipp winkte ab. Dann wandte sich Papa an Emma. „Das Lied vom Stern über Bethlehem passt wirklich perfekt zu unserem neuen Adventsschmuck. Lass uns das gleich noch mal gemeinsam singen!"

Stern über Bethlehem

T. + M.: Alfred Hans Zoller

1. Stern über Bethlehem, zeig uns den Weg,
führ uns zur Krippe hin, zeig, wo sie steht,
leuchte du uns voran, bis wir dort sind,
Stern über Bethlehem, führ uns zum Kind!

2. Stern über Bethlehem, nun bleibst du stehn
und lässt uns alle das Wunder hier sehn,
das da geschehen, was niemand gedacht,
Stern über Bethlehem, in dieser Nacht.

3. Stern über Bethlehem, wir sind am Ziel,
denn dieser arme Stall birgt doch so viel.
Du hast uns hergeführt, wir danken dir,
Stern über Bethlehem, wir bleiben hier!

4. Stern über Bethlehem, kehrn wir zurück,
steht noch dein heller Schein in unserm Blick,
und was uns froh gemacht, teilen wir aus,
Stern über Bethlehem, schein auch zu Haus!

51

Ein Stern für alle

Als Philipp an diesem Abend ins Wohnzimmer kam,
deutete er auf den Herrnhuter Stern. „Das ist ein richtig cooles Geschenk von Oma und Opa."

„Stimmt." Lächelnd faltete Mama ein Blatt Papier auseinander. „Und eine Geschichte gehört auch noch dazu.
Sie heißt: ‚Im Internat'."

„Internat?", fragte Emma.

„Das ist ein Wohnheim für Schüler", erklärte Papa.

Emma riss die Augen auf. „Wohnen die Kinder dort
ganz allein, ohne Mama und Papa?"

Papa schüttelte den Kopf. „Es gibt Erzieher, die sich um
die Kinder kümmern."

Emma riss die Augen auf. „Wohnen die Kinder dort
ganz allein, ohne Mama und Papa?"

Papa schüttelte den Kopf: „Nein, nein, es gibt dort Erzieher …"

„Ach so." Emma winkte ab. „Dann ist das so etwas wie
ein Kindergarten, wo man übernachten kann."

„Quatsch!", lachte Philipp. „Ein Internat ist doch kein Kindergarten! Dort wohnen größere Kinder. Vormittags gehen sie in die Schule. Und wenn sie da fertig sind, gehen sie ins Internat. Dort hat jeder ein eigenes Zimmer."

Mama nickte. „So ist es heute. In den Internaten früher war alles etwa einfacher. Es gab einen großen Schlafsaal für alle Schüler und einen Speisesaal. Und Aufenthaltsräume, in den sie ihre Hausaufgaben machten und spielen konnten. Die Geschichte heute erzählt von einem Jungen, der vor ungefähr 200 Jahren in einem Internat der Herrnhuter Brüdergemeine lebte."

Mama schlug das Buch auf und begann zu lesen:

Im Internat

An einem Abend im November stand der zwölfjährige Josef
am Fenster des großen Schlafsaales und suchte den Polarstern.
Dabei dachte er an seine Eltern. Sie waren Missionare und leb-
ten weit weg von Deutschland – in Labrador, bei den Eskimos.
„Bald beginnt die Adventszeit", murmelte Josef. „Ich wäre so
gern bei Mama und Papa. So wie damals, als ich noch klein war.
Ob sie in Labrador auch den Polarstern sehen können?"
Da stürmte sein bester Freund Sebastian herein. „Hey, was
machst du in diesem dunklen, kalten Raum?"
„Ich sehe mir die Sterne an", nuschelte Josef. „Schau, da ist der
Polarstern und da ..."
„Komm schon, du Sterngucker", drängte Sebastian. „Lass uns
die Zeit vor dem Schlafengehen zum Toben nutzen."
Am nächsten Tag saß Josef mit seinem Freund über einer Auf-
gabe in Geometrie.
„Das ist schwer", stöhnte Sebastian. „Ich kann mir die Sachen
einfach nicht vorstellen."
Plötzlich blickte ihnen einer der Erzieher über die Schulter.
„Was könnt ihr euch nicht vorstellen?"
Sebastian deutete auf sein Heft. „Wir
sollen die Seiten eines Körpers berech-
nen, der viele Flächen hat. Ein Würfel hat
sechs Flächen, das kann ich mir vorstellen,

aber ein Körper mit zwölf Flächen? Oder sogar mit vierund-
zwanzig? Puh!"

„Hm", brummte der Erzieher, der auch ihr Lehrer war. „Am
besten, wir stellen mal einige Körper mit vielen Flächen her.
Man nennt sie übrigens ‚Polyeder'." Rasch holte er Papier,
Stifte, Lineal, Zirkel, Schere und Leim. Zuerst bastelte er mit
den Jungs einen Würfel, später ein Polyeder mit zwölf Flächen.

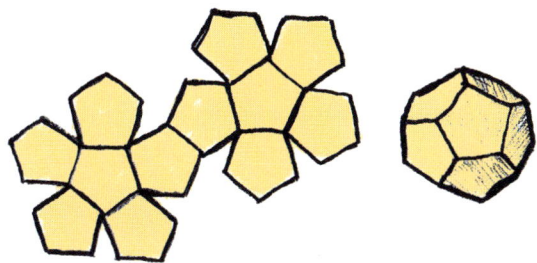

Während sie miteinander werkelten, kamen noch weitere
Schüler und schauten neugierig zu. Dabei unterhielten sie sich
über die verschiedenen Länder, in denen ihre Eltern als Missionare lebten.

„Meine Eltern sind in Labrador", sagte Josef. „Manchmal frage
ich mich, ob sie dieselben Sterne sehen wie wir. Zum Beispiel
den Polarstern."

Der Erzieher nickte. „Wenn sie in Labrador sind, sehen sie den
Polarstern. Sogar noch besser als wir, denn Labrador liegt im
Norden."

„Gibt es eigentlich einen Stern, der auf der ganzen Erde zu sehen ist?", fragte Sebastian.

„Das weiß ich nicht." Der Erzieher zuckte mit den Schultern.

„Aber ich kenne einen Stern, der die Menschen auf der ganzen Welt miteinander verbindet. Und ihr kennt ihn auch."

„Was meinen Sie?", fragte Paul.

Da stimmte der Lehrer ein altes Lied an: „Morgenstern auf finstre Nacht, der die Welt voll Freude macht, Jesulein, komm herein ..."

Dieses Lied sang man in der Herrnhuter Brüdergemeine viele Jahrhunderte. Heute steht es in vielen Gesangbüchern.

„Ah, jetzt weiß ich es!" Paul hob den Finger. „Jesus ist der Stern, der die Menschen auf der ganzen Welt verbindet!"

„Genau." Der Erzieher schaute auf. „Jesus verbindet uns mit Gott und allen Menschen auf der Welt. Aber leider kennen ihn viele Menschen noch nicht. Deshalb sind eure Eltern bei ihnen, um ihnen von Jesus, dem Sohn Gottes, zu erzählen – von dem Morgenstern also, der Licht in unsere Dunkelheit bringt. Wenn wir an Jesus glauben, sind wir nie allein. Und so, wie wir im Gebet mit Jesus reden, reden auch eure Eltern mit ihm, und sie bitten ihn, auf euch aufzupassen."

„Jesus – ein Stern für alle Welt", murmelte Josef. „Und bald ist Weihnachten."

„Ja, das Fest der Geburt Jesu." Lächelnd nahm der Lehrer ein großes Polyeder in die Hand. „Wir könnte das hier als Grundgerüst für einen Stern benutzen. Und auf die Flächen Zacken leben." Schon begann er, eine Pyramidenspitze zu zeichnen. „Für einen Stern brauchen wir viele Pyramidenspitzen. Sie müssen genau auf die Flächen des Polyeders passen."

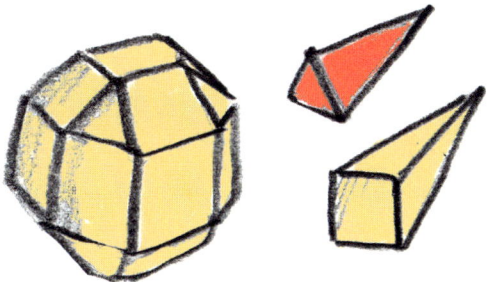

„Klasse!", rief Sebastian. „Wenn alle mitbasteln, bekommen wir das hin."

Die anderen nickten. „Klar kriegen wir das hin!"

Also trafen sich die Jungen in den nächsten Tagen regelmäßig mit ihrem Erzieher, um einen großen Stern zu basteln. Als der fertig war, entfernte der Lehrer die obere Spitze, hängte vorsichtig eine Öllampe hinein und befestigte alles an der Decke des Gemeinschaftsraumes.

Pünktlich zum ersten Advent versammelten sich die Jungen und alle Erzieher unter dem leuchtenden Stern und sangen das Lied von Jesus, dem Morgenstern.

Emma klatschte in die Hände. „Bei dieser Geschichte bekomme ich richtig Lust zum Sternebasteln!"

„Das ist eine gute Idee." Lächelnd faltete Mama das Blatt mit der Geschichte zusammen. „Es gibt viele Bastelanleitungen für Sterne, die nicht so kompliziert sind wie die Herrnhuter Sterne."

„Okay!" Philipp gab Wolfi einen Klaps. „Da mache ich mit. Ich brauche eh noch Geschenke für einige Leute, die auf meiner Liste stehen."

 ## Einfache Sterne falten

Dieser achteckige Stern besteht aus zwei Hälften, die aneinandergeklebt sind. Ihr könnt den Stern sehr leicht aus zwei quadratischen Origami-Papieren (20 x 20 cm) basteln. Oder ihr schneidet euch aus zwei A4-Blättern zwei Quadrate (21 x 21 cm) zurecht. Die genaue Faltanleitung findet ihr unter der Internetseite

>> www.basteln-gestalten.de/sterne-basteln

Wer knackt die Nuss?

Am Abend kam Papa mit einer hölzernen Figur ins Wohnzimmer. Sie hatte einen großen Mund, der mithilfe eines Hebels am Rücken aufgeklappt werden konnte. „Ich war heute bei Oma und Opa. Sie haben mir diesen Nussknackerkönig mitgegeben. Weil er euch im letzten Jahr so gefallen hat. Früher hießen diese grimmigen Kerle übrigens Nussbeißer."

„Oh ja!", rief Emma. „Ich liebe diesen Nussknacker!" Philipp runzelte die Stirn. „Ich frage mich, was Nüsse mit Advent und Weihnachten zu tun haben."

Mama lächelte. „Das wirst du sicher herausfinden, wenn du unsere heutige Geschichte hörst."

Wilma und die Riesen-Nuss

Ella, das Eichhörnchen, saß in einem Haselstrauch. Plötzlich entdeckte es eine Nuss, die größer war als alle Nüsse, die es jemals gesehen hatte. Rasch pflückte Ella die Nuss und hopste damit zu ihrem Eichhörnchen-Mann: „Schau mal, Eddy!"

„Oh!" Eddy riss die Augen auf. „Ich werde die Nuss aufnagen und prüfen, ob ..."

„Nein! Diese Mega-Nuss werde ich an einem sicheren Ort vergraben. Aber vorher bringe ich ein Zeichen an. Damit jeder weiß, dass es meine Nuss ist."

Sofort fing Ella an, ein Muster in die Schale zu nagen.

Eddy leckte sich das Mäulchen. „Aber vielleicht ist dieses Dingsda ja hohl. Wenn du es vergräbst, wirst du nie wissen, wie es schmeckt."

„Falls es hohl ist, schmeckt es nach Luftnuss, das ist ja wohl klar!" Ella hopste von einem Hinterbein auf das andere. „Und jetzt kümmere ich mich um ein sicheres Versteck für diese Kostbarkeit. Allein!"

In den folgenden Tagen drängte Eddy immer wieder: „Och bitte, hole die Nuss."

„Vielleicht im Winter", vertröstete Ella ihn. „Wenn es wenig Futter gibt."

Schließlich kam der Winter mit Kälte und Schnee. Eddy strich sich über den Bauch. „Jetzt solltest du mir zeigen, wo die große Nuss versteckt ist."

Ella eilte einen Fichtenstamm hinauf. „Nein. Die Mega-Nuss wird nicht angerührt, solange noch anderes Futter da ist! Komm, lass uns Zapfen pflücken."

Im Frühjahr bekam Ella Nach-
wuchs. Sie hatte alle Pfoten voll
zu tun, ihre Jungen zu versorgen. Eddy streifte allein durch den Wald. Als die kleinen Eichhörnchen ihre Nahrung selbst suchen konnten, erwartete Ella schon die nächsten Babys ...

Wieder wurde es Herbst, Winter und Frühling. Und wieder bekam Ella Babys.

An einem heißen Tag im Sommer beschloss Ella, ihrer Familie die größte Nuss ihres Lebens zu zeigen.

„Wird ja auch Zeit", brummte Eddy. „Bin gespannt, ob du die Nuss überhaupt wiederfindest."

Ella hob die Pfote. „Die Mega-Nuss befindet sich in einem Geheimversteck: drei Hopser entfernt von der dicksten Wurzel der Eiche mit der großen Höhle."

Sofort machten sich die Eichhörnchen auf den Weg.

Bald fand Ella die Eiche mit der großen Höhle. In der Höhle

schlief eine Eule. Die dickste Wurzel des Baumes war deutlich zu erkennen.

Ella maß drei Hopser ab und landete in einem kleinen Strauch. „Merkwürdig. Hier war mein Geheimversteck! Wo kommt dieser Busch jetzt her?"

„Wir könnten alles aufbuddeln, was drei Sprünge von der großen Wurzel entfernt ist", schlug das kleinste Eichhörnchenkind Lilly vor.

„Das ist eine gute Idee", lobte Ella.

So fing Familie Eichhorn an zu graben. Sie fanden Steinchen, Eicheln, Würmer und Holzstückchen. Sie buddelten jeden freien Fleck unter der Eiche um. Aber sie entdeckten keine einzige Nuss.

Schließlich sprang der älteste Eichhörnchen-Junge zu dem kleinen Strauch. „Mama, vielleicht hast du dir die Stelle ja doch richtig gemerkt? Vielleicht ist der Strauch ja genau über deinem Geheimversteck gewachsen!"

„Dann müssen wir unter den Wurzeln nachschauen", meinte Eddy.

Ella nickte. „Ja, lasst es uns versuchen."

Erneut buddelten alle, als nähmen sie an einem Wettkampf teil.

Auf einmal rief Ella: „Ich habe eine Nussschale gefunden! Und hier – meine Nagespuren sind auf der Schale!"

„Ich denke, jemand muss die Nuss aufgeknackt haben", überlegte Lilly.

Papa Eddy schüttelte den Kopf. „Und dann hat er die Schalen wieder verbuddelt? Das wäre ja dumm."

Plötzlich ertönte über ihnen eine wütende Stimme: „Was ist das für ein Gezeter? Hat man denn nie Ruhe zum Schlafen?"

Erschrocken hoben die Eichhörnchen ihre Köpfe.

„Oh, entschuldige bitte, liebe Eule", sagte Eddy. „Wir wollten nicht stören. Aber vielleicht kannst du uns helfen? Weißt du, wer die große Nuss geknackt hat?"

„Welche Nuss?" Die Eule blinzelte verschlafen. „Nüsse schmecken mir nicht. Und auf diesem Baum hier wachsen nur Eicheln."

Da erzählte Ella der Eule von der vergrabenen Nuss und zeigte ihr das Stückchen Schale mit dem eingenagten Zeichen.

Mit großen Augen musterte die Eule den aufgewühlten Boden. „Niemand hat die Nuss genommen, das ist doch klar! Der Strauch war die Nuss."

„Unsinn!" Emmy schüttelte sich. „Wie kann ein Strauch eine Nuss sein?"

„Nun gut, ich will es euch erklären", seufzte die Eule. „Du hast die Nuss in die Erde gelegt. Dort ist sie gestorben."

„Gestorben?", fragte Lilly verwundert.

Die Eule nickte bedächtig. „Alles, was in die Erde gelegt wird, stirbt. Aber ich habe noch mehr beobachtet: Mit den Nüssen,

Eicheln, Kernen und Körnern passiert etwas, das ich nicht erklären kann. Es ist ein Wunder. Ich habe schon mit vielen Gelehrten darüber gesprochen. Aber keiner kann es verstehen, es ist ein Geheimnis. Nüsse und Samen sterben im Boden – und erwachen eines Tages zu neuem Leben. Sie werden verwandelt."

Die Eule wandte sich an Ella: „Deine Nuss ist gestorben. Ihre Hülle – also die Schale – ist in der Erde zurückgeblieben."

Eine Weile war es still. Dann zeigte die Eule mit ihrem Flügel auf den jungen Haselstrauch. „Das neue Leben seht ihr dort."

„Bist du sicher?", fragte Ella.

„Ganz sicher", bekräftigte die Eule. „Und du kannst es selbst ausprobieren: Leg eine Eichel in die Erde und warte, was geschieht. Du musst Geduld haben, denn die Verwandlung braucht Zeit." Die Eule gähnte. „So, nun haben wir genug geplaudert. Ich muss weiterschlafen. Und ihr solltet die Wurzeln des Strauches wieder mit Erde bedecken, damit er weiterwachsen kann."

„Sensationell!", rief Ella. „Meine Mega-Nuss ist ein Haselstrauch geworden, der bald meine ganze Familie satt machen wird!"

Als Mama das Buch zuklappte, blickte Papa Philipp fragend an. „Ist deine Frage jetzt beantwortet?"

„Ich denke, ja." Philipp zuckte mit den Schultern. „Die Eichhörnchen dachten, die Nuss sei in der Erde gestorben. Aber sie wurde verwandelt, neues Leben ist daraus gewachsen. Und an Weihnachten feiern wir die Geburt von Jesus. Er ist auf die Erde gekommen, später gestorben und auferstanden. Durch Jesus können wir neues Leben bei Gott bekommen."

Papa nickte. „Nüsse sind ein Symbol für neues Leben nach dem Tod. Und für Fruchtbarkeit. Aus einer Nuss kann ein Strauch mit vielen neuen Nüssen wachsen."

Nüsse-Wettsortieren

Ihr benötigt für dieses Spiel: verschiedene Nusssorten und mehrere Gefäße.

Jeder Mitspieler erhält die gleiche Anzahl gemischte Nüsse. Auf das Startsignal müssen alle ihre Nüsse sortieren. Wer ist am schnellsten?

So lange noch bis Weihnachten!

„Wann ist denn nun endlich Weihnachten?", seufzte Emma beim Abendessen. „Das dauert sooo lange."

Philipp grinste schief. „Also diese Frage kannst du dir ja wohl selbst beantworten. Oder hast du keinen Adventskalender?"

„Ach, stimmt ja!" Lachend fasste Emma sich an die Stirn. „Ich kann die Türchen zählen, die noch geschlossen sind."

„Bingo!" Philipp hob den Daumen.

Papa stellte seine Teetasse ab. „Erinnert ihr euch an die Geschichte vom Adventskranz?"

„Klar!" Phillip nahm sich noch eine Scheibe Brot. „Dieser Johann Wichern hat im Kinderheim jeden Tag eine Kerze mehr angezündet. Das war ja so etwas Ähnliches wie ein Adventskalender."

Mama blickte von ihrem Teller auf. „Oh, du hast dir ja

sogar den Namen des Erfinders des Adventskranzes gemerkt!"

„So was interessiert mich eben." Philipp zuckte mit den Schultern. „Und die Kinder dort haben dieselbe Frage gestellt wie Emma."

„Wicherns Adventskranz war tatsächlich ein Vorläufer des Adventskalenders", sagte Papa. „Es gibt aber noch viele andere Bräuche, bei denen man die Tage bis Weihnachten zählt. Von einem lese ich euch nach dem Essen etwas vor."

Nach dem Abendessen versammelte sich die ganze Familie im Wohnzimmer. Wolfi legte sich vors Sofa und ließ sich von Emma kraulen. Papa zündete die Kerzen an und Philipp durfte den Förster räuchern lassen.

Mama hatte bereits Omas Plätzchendose auf den Tisch gestellt. Während Philipp und Emma zu naschen begannen, erklärte Papa: „Wir reisen heute in die Zeit vor reichlich hundert Jahren, in die Nähe von Düsseldorf." Dann begann er zu lesen:

Der Adventsbaum

Unsicher blickte sich die achtjährige Paula in dem großen Saal um, in dem vielen andere Mädchen saßen. Kurz vor dem Abendessen hatte ein Mann in Uniform sie ins Kaiserswerther Mädchenheim gebracht. Hier wurde sie von einer Frau empfangen, die sich mit „Tante Hanna" vorstellte. Sie trug ein langes dunkles Kleid und eine weiße Schürze. Ihre Haare waren unter einer weißen Haube versteckt. Später erfuhr Paula, dass hier alle Frauen diese Kleidung trugen. Sie nannten sich „Diakonissen" und lebten mit den Kindern wie in einer großen Familie zusammen. Die Diakonissen teilten alles miteinander, heirateten nicht und wollten so leben, wie es Jesus gefällt.

Plötzlich stupste das größere Mädchen, das neben Paula saß, sie in die Seite. „Du bist neu hier, stimmt's?"

„Ja." Paula fuhr sich über die Augen. „Ich habe bei meiner Oma gewohnt. Sie ist vor Kurzem gestorben."

„Das tut mir leid." Das Mädchen gab Paula die Hand. „Ich bin Marie. Ich hab auch keine Familie mehr. Ich bin seit dem Sommer hier."

„Ich heiße Paula."

Marie lächelte. „Du bis gerade rechtzeitig gekommen. Heute beginnt die Adventszeit.

Pass auf, du wirst gleich eine Überraschung erleben!"

Da öffnete sich die Tür zum Saal und alle Kinder wurden still.

Ein Mann mit einem weißen Bart kam herein. Er trug einen

Tannenbaum und stellte ihn in einen Ständer.

„Das ist Onkel Heinz", flüsterte Marie. „Heinrich Fliedner. Er

ist unser Pastor und Lehrer."

„Achtung, nicht erschrecken!", sagte Pastor Fliedner.

Mehrere Diakonissen löschten alle Lampen.

„Jetzt ist es dunkel", sagte Onkel Heinz. „Die Dunkelheit ist

ein Vergleich für ein Leben ohne Jesus. Ohne ihn gäbe es keine

Hoffnung und keinen Trost. Aber Gott sei Dank hat Gott sei-

nen Sohn Jesus auf die Erde geschickt. In der dunkelsten Zeit

des Jahres, an Weihnachten, feiern wir seine Geburt. Jesus ist

das Licht, das die Finsternis überstrahlt. Sein Licht ist heller als

alles Böse und alles Leid der Welt. Durch Jesus erfahren wir die

Liebe Gottes. Er schenkt uns Vergebung und das ewige Leben."

Onkel Heinz machte eine Pause und sprach dann weiter: „Die

Adventszeit ist eine Zeit des Wartens und der Vorbereitung.

Schon lange bevor Jesus geboren wurde, hat Gott den Men-

schen immer wieder versprochen: Eines Tages wird der Erlöser

kommen. Der Retter. Das Licht der Welt. Ein solches Verspre-

chen nennt man auch ‚Verheißung'. Wir finden in der Bibel ganz

viele solcher Verheißungen von Gott."

Eines der größeren Mädchen kam nach vorn und sagte einen

Bibelvers auf. Dann zündete sie mit Hilfe von Schwester Hanna die erste Kerze am Baum an und hängte einen Papierstern an einen Zweig.

Onkel Heinz nickte ihr zu und lächelte. „Vielen Dank, Martha. Du hast uns heute das erste Versprechen von Gott mitgebracht. Die Verheißung steht auf dem Stern, den du gerade an unseren Adventsbaum gehängt hast. Jede Verheißung ist ein kleines Licht, das uns zur Ankunft von Jesus, dem Licht der Welt, hinführt."

Am folgenden Abend wiederholte Martha ihren Bibelvers und zündete erneut die Kerze an. Dann stand ein zweites Mädchen auf, das ebenfalls einen Bibelspruch aufsagte und den nächsten Stern an einen Zweig hängte. Am Baum entzündete sie die zweite Kerze.

So wurde es von Tag zu Tag immer heller. In der zweiten Woche kam der Pastor auf Paula zu. „Nun bist du ja schon einige Tage bei uns. Möchtest du auch mal die neue Kerze an unserem Adventsbaum anzünden?"

Paula spürte, wie sie rot wurde. „Gern", sagte sie leise. „Aber ich weiß nicht, ob ich mir so einen langen Bibelspruch merken kann."

„Hab keine Angst." Onkel Heinz lächelte. „Wir werden eine Verheißung finden, die nicht zu schwer ist."

„Warum lernen wir die Verheißungen eigentlich auswendig?", wollte Martha wissen. „Genügt es nicht, wenn wir sie aufschreiben?"

Der Pastor erklärte: „Jeder Bibelvers, den ihr auswendig kennt, ist ein Schatz, den euch niemand nehmen kann. Es ist ein Schatz in eurem Herzen. Wenn ihr Trost und Ermutigung braucht, erinnert Gott euch daran, dass er euch lieb hat und immer und überall für euch da ist."

Am elften Abend war es so weit. Aufgeregt saß Paula neben Marie im großen Saal. Nachdem die ersten zehn Mädchen ihre Bibelverse aufgesagt und die Kerzen angezündet hatten, ging Paula mit klopfendem Herzen zum Adventsbaum. Laut und deutlich sagte sie ihren Vers auf:

> Er sorgt für sein Volk wie ein guter Hirte. Die Lämmer nimmt er auf den Arm und hüllt sie schützend in seinen Umhang. Die Mutterschafe führt er behutsam ihren Weg.
> Jesaja 40,11

Paula zündete die nächste Kerze an und hängte ihren Stern an einen Zweig.

Dann erklärte Pastor Fliedner, dass Jesus wie ein guter Hirte ist, der sich liebevoll um jedes einzelne Lämmchen kümmert. Als Paula das hörte, kam es ihr vor, als spräche Jesus selbst zu ihr. Leise betete sie: „Du bist bei mir, Jesus. Du hast mich lieb und sorgst für mich, wie der Hirte für seine Schafe. Danke, dass ich hier sein kann. Danke, dass wir bald Weihnachten feiern. Amen."

„Coole Geschichte." Philipp hob den Daumen. „Schade, dass diesen Brauch heute kaum noch jemand kennt." Emma sprang auf. „Ich möchte auch solche Sterne mit Bibelversen basteln!"

Bibelvers-Sterne

Als Jesus noch auf der Erde lebte, hat er von sich selbst gesagt:

„Ich bin das Licht der Welt. Wer mir nachfolgt, wird nicht in der Dunkelheit umherirren, sondern er hat das Licht, das ihn zum Leben führt." (Johannes 8,12)

Dieser Spruch passt zu der Geschichte mit dem Adventsbaum, bei dem es von Tag zu Tag heller wird. Schneide einen Adventsstern aus gelbem Tonpapier aus und schreibe den Bibelvers darauf. Verziere den Stern anschließend mit einem Muster oder Glitzer. Nun kannst du ihn an einen Strauß Tannengrün, ans Fenster oder an den Weihnachtsbaum hängen. Aber vielleicht möchtest du ihn ja auch jemandem schenken?

In der Weihnachtsbäckerei

Als Papa am Abend ins Wohnzimmer kam, blickte er sich suchend um. „Mhm, was duftet denn hier so verführerisch?"

Emma deutete auf einen großen Teller mit verschiedenen Lebkuchen. „Den hat Mama zurechtgemacht."

„Cool, und da sind ja ganz verschiedene Bilder drauf: Sterne, Engel, Tannenzweige und Herzen", sagte Philipp.

Mama nickte. „Das Gebäck mit den Bildern nennt man übrigens Springerle."

Papa nahm sich einen Lebkuchen und schnupperte daran. „Mhmmm. Der duftet echt lecker."

„Stimmt", sagte Mama. „Und das alles passt richtig gut zu unserer heutigen Geschichte. Sie heißt:

Plätzchenduft und dicke Luft

Seit Tagen stand die junge Nonne Friedlinde in der alten Klosterküche und half der Köchin Benedikta beim Plätzchenbacken.

Schwester Benedikta war eine strenge Lehrmeisterin. Von früh bis spät scheuchte sie Friedlinde zwischen Brunnen und Keller, Herd und Backhaus hin und her. Da waren die gemeinsamen Gebetszeiten in der Klosterkirche eine willkommene Pause. Aus tiefstem Herzen stimmte Friedlinde in die Loblieder ein. Das Weihnachtsfest rückte näher und die junge Nonne freute sich auf das Fest der Geburt von Jesus.

Als Friedlinde nach dem Abendgebet fröstelnd durch den Kreuzgang schritt, flüsterte Agnes ihr zu: „Hast du schon gehört? Elisabeth hat den Boden im Speisesaal nicht richtig geputzt. Klara hat sie zur Rede gestellt. Daraufhin hat Elisabeth drei fette Spinnen in Klaras Zelle gesetzt, vor denen Klara schreiend geflüchtet ist."

„Haben die nichts Besseres zu tun, als zu streiten?", seufzte Friedlinde. „Bald ist Weihnach..."

„Das ist noch nicht alles", unterbrach Agnes sie. „Cecilia hat beobachtet, wie Hulda ..."

„Hör auf!" Friedlinde hielt sich die Ohren zu. „Diese Streitereien finde ich unerträglich. Bald feiern wir die Geburt ..."

„Ich weiß, dass bald Weihnachten ist!" Agnes verdrehte die

Augen. „Aber unter den Nonnen herrscht dicke Luft. Doch du bekommst davon natürlich nichts mit. Du sitzt gemütlich in der warmen Klosterküche, schnupperst den Duft der Gewürze, naschst vom Plätzchenteig und träumst vom Frieden auf Erden." Friedlinde zog die Brauen zusammen. „Also deine Arbeit in der Schneiderei ist garantiert leichter als meine in der Küche. Manchmal kann ich die schweren Töpfe kaum bewegen. Schon oft habe ich mich mit kochendem Wasser oder heißem Fett verbrannt. Außerdem habe ich morgen eine schwere Prüfung. Du kannst dir garantiert nicht vorstellen, was man alles wissen muss, um für so viele Leute zu kochen."

„Gib nicht so an!" Agnes stemmte die Arme in die Seiten. „Du tust ja gerade so, als würden ohne dich hier alle verhungern! Bist ja selbst nicht besser als die anderen!"

Friedlinde öffnete den Mund, um Agnes eine gepfefferte Antwort zu geben. Doch dann schluckte sie die bösen Worte hinunter und eilte davon.

Auf dem Weg zur Küche betete sie: „Verzeih mir bitte, lieber Herr Jesus. Agnes hat recht, ich habe angegeben. Ich bin nicht besser als die anderen. Dabei wünsche ich mir ein friedliches Miteinander, ohne Zank und Streit. Und eine Adventszeit, in der die Vorbereitung auf deine Geburt im Mittelpunkt steht. Aber ich weiß nicht, wie ich an der schlechten Stimmung im Kloster etwas ändern kann. Außerdem fürchte ich mich vor der Prüfung. Bitte hilf mir, Jesus! Amen."

Als Friedlinde am nächsten Morgen in die Küche kam, war sie mächtig aufgeregt. Schwester Benedikta nickte ihr zu. „Deine Prüfung beginnt mit dem Backen von Lebkuchen. Das ist eine hohe Kunst." Die alte Nonne deutete auf das Regal mit den Tongefäßen, in denen sie die verschiedensten Gewürze aufbewahrte. „Beim Backen kommt es nicht nur auf den Geschmack und den Geruch der Zutaten an. Du musst auch wissen, welche Gewürze zusammenpassen – und welche Wirkung sie auf unser Wohlbefinden haben. Bisher hast du die Lebkuchen nach meinen Anweisungen gebacken. Aber eine gute Bäckerin muss die Zutaten für die Lebkuchen selbst zusammenstellen. Doch zunächst will ich von dir wissen, warum wir überhaupt für die Adventszeit Lebkuchen backen."

„Also ..." Friedlinde räusperte sich. „Lebkuchen sind ein Gebäck, das man lange aufbewahren kann. Es enthält viele wertvolle Gewürze, die gut für unserer Gesundheit sind. Der Duft und die heilende Wirkung der Lebkuchen weisen uns auch auf die Geburt von Jesus, dem Sohn Gottes hin."

Im Mittelalter nannte man die Lebkuchen auch „Lebzelter" oder „Pfefferkuchen", da man damals fast alle Gewürze als „Pfeffer" bezeichnete.

Schwester Benedikta nahm ein Holzförmchen in die Hand, aus dem ein Engel herausgeschnitzt war. „Und wozu sind diese Formen da?", fragte sie.

„Die Holzförmchen heißen ‚Modeln'. Wir benutzen sie für das Bildgebäck", erklärte Friedlinde. „Wir prägen damit Motive aus biblischen Geschichten auf die Plätzchen. Die Bilder erinnern uns auch während des Essens an Gott. Man nennt diese Kekse auch ‚Springerle'.

Das Gebäck mit den Bildern verschenken wir auch an die Armen. Sie können
ja nicht lesen und schreiben, aber Bilder
verstehen sie. Somit sind diese Kekse
eine Art Bilderbibel."

„Gut." Benedikta nahm ein großes
Tuch. „Jetzt werde ich prüfen, wie gut du dich mit den
Gewürzen und deren Wirkungen auskennst." Sie verband
Friedlinde die Augen. Dann holte sie das erste Gewürz und hielt
es der jungen Nonne unter die Nase.

„Es riecht ein bisschen holzig, aber auch süßlich", stellte
Friedlinde fest. „Das ist eine Muskatnuss. Man soll sie nur spar-
sam verwenden."

Auch das nächste Gewürz erkannte Friedlinde sofort. „Anis. Das ist gut für die Verdauung und hilfts, zur Ruhe zu kommen." Friedlinde konnte jedes Gewürz beim Namen nennen, das die alte Köchin herbeiholte. Die junge Nonne wusste, wie man Zimt und Ingwer, Kardamon und Vanille, Koriander, Piment und Nelken, Honig und Pfeffer verwendet und welche Heilwirkung es hat.

Endlich nahm Benedikta ihr das Tuch wieder ab. „Jetzt kommt der wichtigste Abschnitt der Prüfung. Du wirst ohne meine Hilfe verschiedene Lebkuchen backen. Alle Schwestern unseres Klosters werden davon kosten, auch unsere Vorsteherin, die Äbtissin. Also vermassele es nicht!"

Emma schnupperte an ihrem Lebkuchen. „Ich wusste
gar nicht, dass da so viele Gewürze drin sind!"
„Und ich hatte keine Ahnung, dass die Gewürze gut
für die Gesundheit sind." Philipp grinste. „Bei meiner
nächsten Krankheit brauche ich keine Medizin mehr,
ein leckerer Lebkuchen genügt."
„Es wäre schön, wenn das so einfach wäre", lachte Papa.
Während Mama das Buch zuklappte, bettelte Emma:
„Verrätst du uns noch, ob Friedlinde ihre Prüfung
besteht? Und ob die Nonnen aufhören zu streiten?"
„Damit würde Mama die Spannung wegnehmen", sagte
Papa. „Morgen geht es weiter."

 ## Düfte erraten

Alle Mitspieler bekommen die Augen verbunden und sollen Gerüche, die passend für die Advents- und Weihnachtszeit sind, erschnuppern. Dafür werden Gewürze und Lebensmittel in kleine Schüsseln oder Stoffsäckchen gefüllt und herumgereicht.

Wer ist am pfiffigsten und erkennt die meisten Düfte? Verwendet werden können zum Beispiel Mandarinen, Zimt, Nelken, Vanille, Tannennadeln, Anis, Lebkuchen, Spekulatius, Äpfel, Bienenwachs, gehackte Nüsse ...

Viel Spaß beim Schnuppern!

Oh, es riecht gut ...

Auch am nächsten Abend stand wieder ein Teller mit duftenden Plätzchen auf dem Tisch. Emma klatschte in die Hände. „Ich bin gespannt, wie die Geschichte von Friedlinde weitergeht. Bestimmt bäckt sie die besten Lebkuchen, die die Nonnen jemals gegessen haben. Und dann sind alle fröhlich und hören auf zu streiten."

„Ich bin auch gespannt, wie es weitergeht." Philipp nahm sich einen Zimtstern. „Und während Mama vorliest, genieße ich diese leckere Advents-Medizin hier."

„Na, dann schauen wir mal." Lächelnd schlug Mama das Buch auf und begann zu lesen:

Gebackene Botschaften

Nachdem Friedlinde alle Zutaten für die Lebkuchen bereitgestellt hatte, betete sie im Stillen: „Herr Jesus, du weißt, dass ich dich liebhabe. Du hast mich in dieses Kloster geführt. Dafür danke ich dir. Gern möchte ich hier in der Küche für das leibliche Wohl meiner Schwestern sorgen. Bitte hilf mir beim Backen dieser Lebkuchen. Und zeige mir auch, wie ich Frieden stiften kann."

Während Friedlinde den Teig knetete, dachte sie an ihren Streit mit Anges. Dabei merkte sie gar nicht, wie Schwester Benedikta sie vom Herd aus beobachtete. Schließlich trat die alte Köchin an ihre Seite und räusperte sich. „Was ist los, Schwester? Hast du etwa Zwiebeln in den Lebkuchenteig gemischt?"

Erschrocken fuhr Friedlinde herum. „Zwiebeln? Aber nein, Schwester Benedikta!"

„Hm." Die Nonne zupfte ein kleines Stück Teig ab, roch daran, kostete es und wiegte den Kopf. „Nicht schlecht. Da sind weder Zwiebeln noch Knoblauch drin. Am Pfeffer kann es auch nicht liegen. Also frage ich mich, warum dir beim Kneten die Tränen kommen."

„Oh!" Friedlinde wischte sich mit dem Ärmel übers Gesicht. „Das ... das hat nichts mit dem Teig zu tun."

„Nicht?" Schwester Benedikta runzelte die Stirn. „Was ist es dann? Hast du so große Angst vor der Prüfung?"

„Ein bisschen aufgeregt bin ich schon, aber ...", Friedlinde
schüttelte den Kopf.

„Lass dir doch nicht jedes Wort aus der Nase ziehen." Seufzend
legte die alte Nonne ihr eine Hand auf den Arm. „Liegt es an
mir? Ich weiß, ich bin manchmal streng und ..."

„Nein, nein", unterbrach Friedlinde ihre Lehrmeisterin. „Das ist
völlig in Ordnung, ich muss ja noch lernen und ..."

„Ach, Mädchen." Schwester Benediktas Stimme klang sanft.
„Ich würde dir so gern helfen."

Auf einmal verspürte Friedlinde den Wunsch, der alten Köchin
alles zu erzählen. „Meine Traurigkeit hat einen anderen Grund",

sagte sie leise. „Viele Nonnen hier im Kloster haben sich ge-
stritten. Dabei ist doch bald Weihnachten, das Fest des
Friedens und der Liebe! Und ich ... ich selbst bin auch nicht
besser als die anderen."

Während Friedlinde weiter den Teig knetete, erzählte sie der
alten Nonne alles, was ihr auf dem Herzen lag. Schwester
Benedikta hörte still zu. Als Friedlinde fertig war, seufzte die
alte Nonne. „Hm. Offenbar haben wir alle Gottes Licht aus den
Augen verloren. Und wir haben es nicht mal gemerkt." Benedikta nickte nachdenklich. „Deine Tränen haben mir die Augen
geöffnet, Friedlinde. Viel zu oft schimpfe ich über Kleinigkeiten
und streite mit anderen. Aber... also ich denke, es gibt etwas,
das wir beide tun können."

„Was denn?" Friedlinde blickte überrascht auf.

Da flüsterte die alte Köchin Friedlinde etwas ins Ohr. Die junge
Nonne lachte. „Das ist eine gute Idee!"

Außer der Äbtissin erfuhr niemand im Kloster, warum Schwester Benedikta und Schwester Friedlinde an diesem Tag länger
arbeiteten als sonst.

Am nächsten Abend wurden nach der Suppe die frisch gebackenen Plätzchen auf den Tisch gestellt. „Aber warum sind
denn auf den Plätzchen Bilder aus der Passionsgeschichte?",
fragte Elisabeth verwundert. Wir gehen doch auf die Geburt
von Jesus zu, nicht auf seinen Tod und seine Auferstehung!"
Agnes kicherte. „Da hat wohl unsere Friedlinde während der
Prüfung etwas verwechselt."

„Ja, in der Aufregung hat sie Ostern und Weihnachten verwechselt!", meinte Cecilia und alle fingen an zu lachen.

„Diese Kekse habe ich gebacken", erklärte Schwester Benedikta
ernst.

Ratlos schauten sich die Nonnen an und fingen an zu tuscheln.
Nur die Äbtissin nickte Benedikta lächelnd zu. Sachte legte sie
ein Gebäckstück in ihre offene Hand. Das war das Zeichen, dass
die anderen nun auch zugreifen durften.

Hastig langten alle nach den Plätzchen – und erschraken. „Was
ist das?", riefen sie. „Das zerbricht ja sofort!", und: „Das hält ja
gar nicht zusammen!"

Nachdem Hulda den ersten Bissen genommen hatte, verzog
sie das Gesicht. „Das soll ein Plätzchen sein? Das schmeckt ja
nach gar nichts!"

„Fad und leer", bestätigte eine andere Nonne. „Als würde ich
Luft schlucken!"

„Da ist kein bisschen Würze drin", stellte Agnes fest. „Und der
Teig hält nicht zusammen!"

Jetzt kostete auch Elisabeth ein Gebäckstück, hustete
und spuckte es wieder aus. „Boähhh! Das ist total bitter!
Ungenießbar!"

Da stand die Äbtissin auf und bat um Ruhe. „Unsere beiden
Köchinnen möchten uns mit diesen Plätzchen eine Botschaft
übermitteln. Es betrifft unser Leben hier im Kloster. Unser
Zusammenleben." Sie blickte von einer zur anderen. „Gibt es
jemanden unter euch, der die Botschaft entschlüsseln kann?"
Alle schwiegen und schauten einander an.
„Unser Zusammenleben ...", krächzte Hulda auf einnmal.
„Wir ... ähm... halten nicht zusammen."
„Unsere Loblieder ...", ergänzte Klara, „... singen wir so dahin ...
sie sind ohne Würze."

„Bitter!" Elisabeth hustete leise. „Unser Verhalten ist bitter und böse."

Mit klopfendem Herzen stand Friedlinde auf. „Ich bitte euch um Verzeihung. Besonders dich, Agnes. Für meine Lieblosigkeit gestern ..." Sie schaute in die Runde. „Bitte verzeiht mir alle, liebe Schwestern, wo ich euch unrecht getan habe."

Auf einmal begann eine Nonne nach der anderen, ihre Mitschwestern um Verzeihung zu bitten. Selbst die Äbtissin sagte: „Auch ich muss gestehen, dass ich mich oft falsch verhalten habe. Ich bitte euch alle um Vergebung – und danke unseren beiden Köchinnen für ihre gebackenen Botschaften. Die Bilder erinnern uns daran, dass Jesus am Kreuz für unsere Schuld gestorben ist."

Eine Weile war es still im Speisesaal. Dann stand Schwester Benedikta auf. „Natürlich wollen wir euch heute nicht nur mit unserer gebackenen Botschaft abspeisen. Wir haben auch noch richtige Lebkuchen gebacken." Sie verschwand kurz in der Küche und kam mit einem großen Teller Gebäck zurück. „Wir bitten jetzt um euer Urteil!"

Zaghaft kostete eine Nonne nach der anderen von den Lebkuchen. „Hmmm! Die duften und schmecken so richtig nach Advent!", rief Hulda begeistert.

„Das sind die besten Lebkuchen, die ich je gegessen habe!",
lobte Erika.

„Einfach himmlisch!", bestätigten die anderen.

Lächelnd deutete Benedikta auf Friedlinde. „Das sind die Lebkuchen, die meine junge Nachfolgerin gebacken hat. Du hast
deine Prüfung bestanden, Friedlinde."

„Du hast sie in doppelter Hinsicht bestanden", fügte die Äbtissin hinzu. „Du hast uns gezeigt, was wirklich wichtig ist. Nun
lasst uns den Rest der Adventszeit nutzen, um uns auf das Fest
der Geburt von Jesus vorzubereiten!"

„Ob die Nonnen sich dann besser vertragen haben?"
Emma schob sich den Rest ihres Butterplätzchens in
den Mund.

Mama lächelte: „Bestimmt haben ihnen die Lebkuchen
geholfen, liebevoller miteinander umzugehen."

Papa nickte. „Und Friedlinde hat den ersten Schritt
getan. Sie war die Erste, die bei sich selbst angefangen
hat, etwas zu ändern."

 ## Bilder-Plätzchen backen

Diese Plätzchen sind schnell aus
Zutaten hergestellt, die man fast
immer im Haus hat. Sie lassen sich vor dem Backen
mit weihnachtlichen Keksstempeln verzieren – oder
nach dem Backen beispielsweise mit Schokolade,
Zuckerglasur oder bunten Streuseln.

Zutaten:
- 180 g Butter
- 100 g Zucker
- 500 g Mehl
- 3 Eier
- 1 Päckchen Backpulver

Wenn der Teig zu
fest ist,
einfach 2–5 EL
Milch zugeben.

Vom Paradiesbaum zum Weihnachtsbaum

„Heute erzähle ich euch eine Geschichte von einem Schuhmachergesellen", sagte Papa.

„Was ist ein Geselle?", fragte Emma.

„Wenn ein Handwerker, zum Beispiel ein Schuhmacher, Maurer oder Tischler, seine Lehrzeit beendet hat, muss er eine Prüfung ablegen. Besteht er sie, bekommt er eine Urkunde, den sogenannten Gesellenbrief. Er ist dann noch kein selbstständiger Meister, sondern ein Geselle."

„Und was hat ein Schuhmachergeselle mit Weihnachten zu tun?", wollte Philipp wissen.

Papa zwinkerte ihm zu. „Das wirst du gleich herausfinden. Wir reisen zurück ins Jahr 1422, in eine kleine Stadt im Schwarzwald."

Der träumende Schuhmachergeselle

Georg legte die zugeschnittenen Lederteile zur Seite und blickte zum Fenster hinaus. Dicke Schneeflocken tanzten vom Himmel herab. Es war, als legte die kleine Stadt ihr Festgewand für Weihnachten an.

Wie mochte es seinen Eltern in Freiburg gehen? Bald würden auch sie Weihnachten feiern – zum dritten Mal ohne ihn. Denn seit drei Jahren war Georg unterwegs. Jeder Geselle hatte die Pflicht, auf Wanderschaft zu gehen. Um sein Handwerk richtig zu erlernen, musste er bei verschiedenen Meistern arbeiten. Ach, wie gern würde Georg mit seiner Familie Weihnachten feiern!

„Träum nicht, Junge!" Der Meister klopfte mit dem Hammer auf die Werkbank. „Magister Morath wartet auf seine Schuhe! Die müssen bis zum dritten Advent fertig sein!"

Georg zuckte zusammen. „Ich weiß, Meister Konrad." Rasch nahm er die nächste Schablone und legte sie auf das Leder. „Mir ist nur gerade etwas Schönes eingefallen. Die Bäcker in Freiburg ..."

„Konzentrier dich, Junge!", brummte der Meister. „Denk dran: Akkurat auflegen, genau zuschneiden, sonst wird kein Schuh draus! Wenn du das Leder verdirbst, zieh ich das vom Lohn ab."

„Ich weiß, Meister."

Obwohl Konrad ziemlich viel herumknurrte, war er ein guter Meister. Georg hatte ein eigenes Zimmer, konnte sich satt essen und bekam genügend Lohn.

Als er später mit der Familie des Schuhmachers beim Mittagessen saß, stieß Meister Konrad ihn mit dem Ellenbogen an.

„Nun hau mal ordentlich rein, Junge! Hattest vor einer Stunde schon so großen Hunger, dass du von Bäckern geträumt hast!"

Zunächst blickte Georg ihn verständnislos an, dann lachte er.

„Ach nein, ich hatte keinen Hunger. Ich habe mich gefragt, ob die Bäcker in Freiburg dieses Jahr wieder den Paradiesbaum schmücken."

Neugierig blickte Konrads Frau von ihrem Teller auf. „Ich weiß, dass man in vielen Orten vor dem Krippenspiel noch ein Paradiesspiel aufführt. Und dafür einen immergrünen Baum aufstellt. Doch was haben die Bäcker mit dem Paradiesbaum zu tun?"

Bevor Georg antworten konnte, fragte der zehnjährige Fabian: „Was ist ein Paradiesspiel?"

„Das Paradiesspiel handelt von Adam und Eva", erklärte die Mutter. „Du weißt ja: Die beiden haben auf die Schlange gehört und die Frucht vom verbotenen Baum gegessen. Deshalb mussten sie das Paradies verlassen."

„Und was ist ein Paradiesbaum?", wollte die sechsjährige Agnes wissen.

„Das ist ein Tannenbaum, der für das Paradiesspiel mit Äpfeln geschmückt wird", sagte Georg. „Ein Tannenbaum ist immer grün. Seine Zweige erinnern uns an das ewige Leben, das nie zu Ende geht. Im Paradies gibt es keinen Tod."

„Und warum hängen Äpfel an dem Baum?", fragte Fabian.

Georg legte seinen Suppenlöffel ab. „Sie erinnern an die ver-botene Frucht. Während des Spiels pflückt Eva einen Apfel."

„Aber was hat das mit Weihnachten zu tun?" Fabian vergaß, weiterzuessen. „Ich meine, wieso spielen die erst das Paradiesspiel und dann das Krippenspiel?"

„Weil beides ganz eng zusammengehört", antwortete Fabians Mutter. „Das Paradiesspiel und das Krippenspiel. Weihnachten feiern wir die Geburt von Jesus. Gott schickt seinen Sohn auf die Erde. Damit die Menschen erkennen, wie lieb er sie hat."

„Wir alle sind nicht besser als Adam und Eva." Meister Konrad schlug sich an die Brust. „Kein Mensch macht immer alles richtig. Wir tun Dinge, die Gott nicht gut findet. Dieses Böse trennt uns von Gott. Aber Jesus ist gekommen, um uns zu vergeben. Das Böse hat dann keine Macht mehr, es steht nicht mehr zwischen Gott und uns."

Fabian dachte einen Moment nach und ließ dann seinen Blick zu Georg wandern. „Und wieso haben in Freiburg die Bäcker den Paradiesbaum geschmückt?"

„Das ist eine besondere Geschichte." Georg lehnte sich auf seinem Stuhl zurück. „Vor drei Jahren haben die Bäcker damit angefangen. Der Baum stand nicht in der Kirche, sondern auf einem öffentlichen Platz. Die Bäckersleute schmückten ihn mit Äpfeln, Nüssen, Lebkuchen und anderen Leckereien.
Es sollte ein Paradiesbaum für die Kinder sein. An Neujahr durften die Kinder alle Leckerbissen vom Baum schütteln und aufessen."

„Au fein!", rief Agnes. „Da hätte ich gern mitgemacht! Warum gibt es bei uns nicht auch so einen Weihnachtsbaum?"

„Weil wir nicht in Freiburg sind." Der Meister nahm sich noch etwas Suppe.

„Mir würde das auch gefallen", seufzte Fabian. „Naschen wie im Paradies!"

Agnes zupfte ihren Vater am Ärmel. „Ist ein Bäcker besser als ein Schuhmacher?"

„Wie kommst du denn darauf?" Der Meister blickte seine Tochter überrascht an. „Natürlich nicht!"

Agnes ließ nicht locker: „Und warum schmücken dann bei uns nicht die Schuhmacher einen Baum?"

„Was?" Meister Konrad verschluckte sich fast. „Soll ich etwa einen Baum mit Schuhen behängen?"

Die anderen lachten.

„Also, mir gefällt diese Idee." Nachdenklich rührte die Mutter die Suppe um. „Einige Äpfel und Nüsse könnten wir abgeben. Wir sollten mit allen Handwerkern unserer Stadt reden, mit den Tischlern und Töpfern, den Bäckern und Metzgern. Wenn alle mitmachen, können wir auch einen Baum aufstellen und schmücken!"

„Hm." Meister Konrad schob sich noch einen Löffel Suppe in den Mund.

„Ja!" Agnes riss die Arme hoch. „Papa hat ‚hm' gesagt. Und wenn er ‚hm' sagt, kümmert er sich drum. Das weiß ich."

„Und wie ging es weiter?", fragte Emma. „Haben die Handwerker den Tannenbaum geschmückt?"

„Bestimmt." Schmunzelnd strich Papa ihr über den Kopf. „Es heißt, die Freiburger Bäcker waren die Ersten, die einen Weihnachtsbaum aufstellten. Das sprach sich bald herum. Und dann machten die Handwerker in vielen anderen Städten es ihnen nach."

Aus dem Paradiesbaum wurde irgendwann der Weihnachtsbaum. Leider wissen wir nicht genau, wann die ersten Christbäume in Wohnungen aufgestellt wurden. Aber es gibt Hinweise darauf, dass in der Stadt Straßburg bereits 1535 kurz vor Weihnachten Tannenbäume verkauft wurden.

 ## Paradiesäpfel für den Weihnachtsbaum

- Schneide aus Tonpapier etwa zwölf Streifen, die 15 cm lang und etwa 1,5 cm breit sind.
- Stanze durch beide Enden aller Streifen Löcher.
- Fixiere alle Enden mit je einer Musterklammer.
- Ziehe nun die Streifen zwischen den beiden Klammern vorsichtig auseinander, sodass eine Kugel entsteht.
- Eine Anleitung mit Fotos findest du unter „Eine Kugel aus Papier machen" auf >> de.wikihow.com

Emma und Philipp helfen Frau Brückner

„Endlich!", begrüßte Emma ihren Bruder, als er von der Schule kam. „Frau Brückner hat bei Mama angerufen. Sie braucht unsere Hilfe."

Wolfi sprang bellend um Philipp herum, als hätte er ebenfalls etwas Wichtiges zu erzählen.

„Ist ja gut, Wolfi." Philipp stellte seine Schultasche ab und knuddelte den Hund. „Wobei sollen wir Frau Brückner denn helfen?"

Emma zuckte mit den Schultern. „Mama hat gesagt, sie will etwas aufstellen."

„Was denn aufstellen?" Philipp gab Wolfi einen Klaps und zog Jacke und Schuhe aus.

„Pssst!" Emma legte sich den Finger auf die Lippen. „Das ist ein Geheimnis."

Als sie gemeinsam am Mittagstisch saßen, erklärte Mama: „Frau Brückner hat etwas, das sie immer erst kurz vor Weihnachten aufbaut. Was das ist, möchte ich euch noch nicht verraten. Wenn ihr Lust habt, ihr zu helfen, werdet ihr es erfahren. Felix und Lilly hat sie auch eingeladen."

„Okay." Philipp schob etwas Reis mit Gemüse auf seine
Gabel. „Wann sollen wir bei ihr sein?"
Mama deutete auf die Uhr. „In einer Stunde."

Pünktlich um fünfzehn Uhr standen Philipp, Emma,
Felix und Lilly vor Frau Brückners Tür. Lächelnd
öffnete die alte Dame ihnen. „Hereinspaziert! Sonst
habe ich immer alles allein gemacht, aber diesmal
dachte ich, vielleicht habt ihr Lust, mir zu helfen ..."
„Hereinspaziert", krächzte der Papagei, der in seinem
Käfig hockte. „Hereinspaziert! Ab in den Käfig!"
„Aber Eduard!" Emma blickte den Papagei mit zusammengezogenen Brauen an. „Wir wollen
doch nicht in deinen Käfig kommen."
Lilly kicherte. „Wir sind doch keine
Vögel!"
„Vögel", wiederholte der Papagei. „Schluss
mit lustig. Ab in den Käfig!"
Frau Brückner deutete auf zwei Kartons. „Darin befin-
det sich mein liebster Weihnachtsschmuck. Außerdem
muss noch die Landschaft vorbereitet werden. Die ge-
hört nämlich dazu." Sie legte die Hand auf einen langen
Tisch, der an der Wand stand.

„Was meinen Sie?" Philipp blickte Frau Brückner fragend an. „Was für eine Landschaft soll das denn werden?"

„Nun", Frau Brückner deutete auf eine der Kisten, „am besten, ihr schaut erst mal, was da drin ist."
„Oh ja!", riefen Emma und Lilly wie aus einem Mund und beugten sich über den großen Karton.

„Vorsicht!" Eduard trippelte auf seiner Stange hin und her. „Vorsicht! Vorsicht!"
Endlich hatten die Mädchen den Pappkarton geöffnet. Rasch entfernte Emma einige alte Zeitungen und blickte hinein. „Oh. Da ist etwas Großes drin!"
Philipp schob Emma ein Stück beiseite. „Es ist besser, wenn ich das raushole. Sonst geht vielleicht noch was kaputt." Sachte fasste er mit beiden Armen in die Verpackung und zog ein großes, hölzernes Haus heraus.
„Ein Bauernhof!", jubelte Lilly. „Bestimmt sind in den anderen Kisten viele Tiere drin. Sollen wir für die Tiere eine Landschaft vorbereiten?"
Felix gab seiner Schwester einen Klaps. „Das ist doch kein Bauernhof. Das ist ein Krippenstall!"
„Ah, eine Weihnachtskrippe!", freute Emma sich. „Wir bauen eine Weihnachtskrippe auf!"

Philipp stellte den Stall vorsichtig in die Mitte des
Tisches. Dann holte Frau Brückner einen Schlüssel und
reichte ihn Philipp. „In meinem Keller, gleich hinter der
Tür, habe ich verschiedene Sachen für die Krippenlandschaft bereitgestellt. Würdet ihr die bitte holen?"
Kurze Zeit später brachte Philipp eine Kiste mit Tannenzweigen und getrocknetem Moos und Felix einen
Karton mit Steinen herein. Emma trug einen Karton,
der mit Heu und Stroh gefüllt war. Und Lilly eine Kiste
mit kleinen Hölzchen, Rindenstücke, Zapfen, Buch-
eckern und anderem Naturmaterial.
„Hereinspaziert!", rief Eduard wieder. „Hallo, ballo!"
Emma stellte den Karton auf den Fußboden. „Sie haben
aber viel gesammelt, Frau Brückner!"
Die alte Dame lachte. „Ich hatte ja auch viele Monate
lang Zeit dazu." Sie deutete auf einige flache Tontöp-
fe, die auf dem großen Tisch standen. Sie waren mit
Blumensteckmasse gefüllt. „Da könnt ihr die grünen
Zweige hineinstecken."

Rasch nahm Philipp einen Tannenzweig und schob ihn in die Steckmasse. „Cool. Sieht aus wie ein Bäumchen." Während er den nächsten Zweig auswählte, fragte er: „Gibt es einen Plan, wie wir alles aufbauen sollen?" Lächelnd schüttelte Frau Brückner den Kopf. „Das dürft ihr selbst entscheiden. Wo die wichtigsten Figuren stehen, wisst ihr sicher."

Emma hob den Finger. „Das Wichtigste sind natürlich Maria, Josef und das Jesuskind."

Frau Brückner zeigte auf den runden Tisch, der in der Mitte des Wohnzimmers stand. „Vielleicht packt ihr erst einmal alle Figuren aus und stellt sie da hin. Dann wisst ihr, was alles da ist, und könnt besser planen."

„Haben Sie denn keine Angst, dass wir aus Versehen was kaputt machen?", fragte Philipp.

Wieder schüttelte Frau Brückner den Kopf. „Die Krippenfiguren sind sehr stabil. Mein Vater hat sie aus Holz geschnitzt. Wisst ihr, meine Eltern hatten damals nicht viel Geld. Sie haben fast alle Geschenke für uns Kinder selbst gemacht. Maria, Josef und das Kind in der Krippe haben sie mir geschenkt, als ich sechs Jahre alt war. Jedes Jahr zu Weihnachten kam eine weitere Figur dazu."

„So alt ist die Krippe schon?", staunte Felix.

„Ja, und sie hat mich mein ganzes Leben lang begleitet.

Sie ist sehr kostbar für mich." Frau Brückner nahm einen Strohhalm und legte ihn in den Krippenstall. „So. Und nun bin ich neugierig, wie ihr die Landschaft gestaltet. Ihr dürft mich damit überraschen. Deshalb gehe ich jetzt in die Küche. Wenn ihr fertig seid, sagt ihr mir Bescheid, ja?"

„Also los!", rief Felix und klatschte mehrmals in die Hände. „Fangen wir an!"

„Fangen wir an!", wiederholte der Papagei.

Vorsichtig packten die Kinder eine Figur nach der anderen aus. Neben Maria, Josef und dem Kind in der Krippe gab es einen Ochsen, einen Esel, vier Hirten, zehn Schafe, drei Könige und ein Kamel, das mit Geschenken beladen war. Emma streute Stroh in den Krippenstall und stellte den Ochsen und den Esel, Maria und Josef auf. Bevor sie das Jesuskind holte, polsterte sie die Krippe gut mit Heu und Stroh aus. Dann nahm sie die kleinste Figur, hielt sie eine Weile in der Hand und betrachtete sie. Jesus war so winzig und verletzlich! Und er hatte nur eine Windel an, sonst nichts.

„Am liebsten würde ich dich in mein Puppenbett legen",
flüsterte Emma. „Im Stall ist es bestimmt viel zu kalt
für dich. Das Heu in der Krippe kitzelt bestimmt. Und
das Stroh pikst."
Währenddessen gestaltete Philipp die Umgebung des
Stalles mit Moos, kleinen Steinen, Holzstücken und
Tannenzweigen. Dann stellte er die Hirten nahe der
Krippe auf, denn sie waren die Ersten, die das neuge-
borene Kind besuchten. Lilly richtete mit Moos und an-
deren Naturmaterialien eine Weide für die Schafe her.
Und Felix legte mit kleinen Steinchen und Sand einen
Weg, auf dem die drei Könige mit dem Kamel kamen.

Endlich war der große Moment gekommen: Felix rief Frau Brückner ins Wohnzimmer. Sie strahlte übers ganze Gesicht, schaute sich alles genau an und sagte immer wieder: „Ist das schön!" Unterdessen trippelte Eduard auf seiner Stange hin und her und krächzte mehrmals: „Hallo, ballo!" Schließlich fuhr Frau Brückner sich lächelnd über die Augen. „Das habt ihr toll gemacht! Ich wusste, dass ich mich auf euch verlassen kann. Nun ist hier alles bereit für Weihnachten."

 ## Eine kleine Krippe aus Korken

Die kleinste Krippe der Welt besteht aus den drei wichtigsten Personen: Maria, Josef und Jesus. Sie kommt sogar ohne Stern, Hütte und Schafe aus und findet garantiert auch in eurer Wohnung einen ganz besonderen Platz. Auch wenn Weihnachten schon fast vor der Tür steht – diese Mini-Krippe ist schnell gebastelt. Ihr braucht:

• zwei große Korken (auch Sektkorken eignen sich prima)
• einen kleineren Korken • Filz in drei verschiedenen Farben
• Bast oder dünne Schnur • eine kleine Holzkugel
• zwei etwas größere Holzkugeln • dünne Filzstifte
in Schwarz und Rot

1. Klebt auf zwei Korken je eine Holzkugel.
   Nun habt ihr die Grundkörper für Maria und Josef.
2. Umwickelt beide Körper mit Filzstoff. Klebt ihn fest.
   Das sind die Gewänder.
3. Klebt um die Köpfe auch etwas Filzstoff.
   Das ist die Kopfbedeckung.
4. Fixiert Josefs Kopfbedeckung mit Bast an der Stirn
   und Marias Kleid am Hals.
5. Jetzt könnt ihr noch Gesichter aufmalen.
6. Für das Jesuskind:
   Rollt ein rechteckiges Stück Filz zusammen und
   klebt das Ende fest. Oben klebt eine kleine Kugel an.
7. Halbiert einen Korken der Länge nach.
   Die eine Hälfte ist die Krippe. Auf die gerade Seite
   klebt nun die Jesusfigur fest.

Franziskus feiert Weihnachten

„Wir waren bei Frau Brückner", berichtete Emma, als Papa von der Arbeit kam. „Sie hat schöne Krippenfiguren! Wir haben dafür eine Krippenlandschaft aufgebaut. Und ihr dürft euch das am Heiligen Abend anschauen. Frau Brückner hat alle Leute aus dem Haus eingeladen, nach der Bescherung zu ihr zu kommen."

„Toll!", rief Papa. „Das machen wir bestimmt!"

„Und, Papa, ich habe den Stall eingeräumt. Der Jesus ist sooo klein!" Emma zeigte mit Daumen und Zeigefinger die Größe der Figur. „Das Baby tut mir leid. Es muss in der harten Krippe liegen. Das Heu darin kratzt und das Stroh pikst, das habe ich selbst gemerkt."

Papa lächelte. „Ja, wenn man die Sachen mal in die Hand nimmt, kann man sich das besser vorstellen."

„Und das Jesuskind ist fast nackt ...", seufzte Emma. „Es hat nur eine Windel an. Am liebsten hätte ich es in mein Puppenbett gelegt."

„Das verstehe ich." Papa fuhr Emma über den Kopf. „Beim Aufbau der Krippe hast du gemerkt, wie klein und arm Jesus auf die Welt gekommen ist."

Am Abend schlug Papa wieder das Adventsbuch auf. „Heute habe ich eine Geschichte gefunden, die zu der Weihnachtslandschaft passt, die ihr bei Frau Brückner aufgebaut habt. Sie heißt:

Franziskus hat eine Idee

Franz von Assisi lebte vor ungefähr 800 Jahren in Italien. Er wird auch Franziskus genannt. Zuerst war er ein reicher Kaufmann. Doch eines Tages spürte er im Herzen: „Jesus ist da. Er hat mich lieb." Daraufhin änderte Franziskus sein Leben. Er wollte nun ganz für Jesus da sein. Deshalb gab er alles auf, was er besaß. Er zog sich an wie ein Bettler und schlief irgendwo im Freien. Franziskus liebte Gottes Schöpfung: die Natur, die Tiere und die Menschen. Oft half er Armen und Kranken.

Bald gab es noch mehr junge Männer, die so leben wollten wie Franz von Assisi. Sie verschenkten alles, was sie besaßen, und zogen mit Franziskus umher. „Gott ist unser Vater", sagten sie. „Und Jesus ist unser Bruder. Er macht uns alle zu Geschwistern!"

Im Jahr 1223 wanderte Franziskus wieder einmal allein durch das Bergland, das seine Heimatstadt Assisi umgab. Hier war es still. Hier konnte er in Ruhe nachdenken. Dabei redete er mit Jesus – wie mit einem Freund, der neben ihm herspazierte.

„Bald ist Weihnachten, Jesus. Da feiern wir wieder das Fest deiner Geburt. Du bist Gottes Sohn. Gott ist viel größer und mächtiger als jeder Mensch. Wir können nicht begreifen, wie Gott ist. Doch Gott liebt uns mehr, als wir uns vorstellen können. Er möchte, dass wir ihn kennenlernen. Deshalb hat Gott dich, Jesus, zu uns geschickt. Du bist als kleines, armes Kind auf diese Erde gekommen. Du bist nicht in einem Palast geboren, in einem weichen Bett, sondern in einem Stall, in einer Futterkrippe. Die armen Hirten waren die Ersten, die zu dir kamen. Wenn du in einem Schloss geboren wärst, hätten dich die Hirten nicht besuchen können. Du bist so klein und arm geworden, weil du alle Menschen liebst, Jesus."

Franz atmete tief durch und kletterte einen steilen Berghang hinauf. Von dort oben konnte er weit ins Land schauen. Da unten lag die Stadt Assisi und rundherum kleine Bauerndörfer. Überall wohnten Menschen. Und jeden von ihnen hatte Gott lieb! Ob die Menschen das wussten?

„Ach, Jesus", seufzte Franziskus. „Wie gern möchte ich den Menschen zeigen, wie groß deine Liebe ist. Sie müssen es begreifen! Aber wenn ich nur davon rede, fällt es ihnen schwer, zuzuhören. Vielleicht finde ich auch nicht die richtigen Worte. Was soll ich nur tun, damit sie verstehen, wie groß deine Liebe ist? Bitte zeige es mir, Jesus!"

Franziskus schaute noch eine Weile in die Ferne. Dann wanderte er weiter und kam in ein Bergdorf. Es hieß Greccio. Um das Dorf herum gab es Felsen mit Höhlen. Neugierig betrat Franziskus die größte Höhle und breitete die Arme aus. „Das ist es!", rief er. „Du hast mich hierhergeführt, Jesus. Der Stall, in dem du geboren bist, war nicht besser als diese Höhle. Hier drin ist Platz für einen Ochsen und einen Esel. Eine Frau und einen Mann, verkleidet als Maria und Josef. Eine Futterkrippe mit einer Jesusfigur. Und für mehrere Hirten mit ihren Schafen!"

Rasch eilte Franziskus den Berg hinab. Dabei betete er wieder: „Danke für diese Idee, Jesus. Die Menschen sollen sehen, wie das war, als du zur Welt kamst. Wenn sie es sehen, werden sie begreifen, wir sehr Gott sie lieb hat! Aber ich kann die Krippenfeier nicht allein vorbereiten. Ich werde mit Johannes Velitia reden. Er ist der Herr von Greccio und ein guter Freund."

Johannes war sofort begeistert von dieser Idee. „Das machen wir! Ich kümmere mich darum."

Zunächst erzählte Johannes den Bewohnern seines Dorfes von ihrem Plan.

„Oh ja, das wird spannend!", riefen sie begeistert. „In einer Höhle Weihnachten feiern! So etwas gab es noch nie!" Sofort fingen sie mit den Vorbereitungen an. Sie trugen so viel Heu und Stroh in die Höhle, bis der ganze Boden damit bedeckt war. Außerdem rollten sie einen Strohballen hinein, auf den Maria sich setzen konnte. Für die Jesusfigur holten sie eine Futterkrippe aus Holz.

Weil Jesus in der Nacht geboren wurde – als es ganz finster war –, sollte auch die Krippenfeier in der Nacht stattfinden.

Also mussten auch noch viele Fackeln hergestellt werden. Während die Höhle geschmückt wurde, eilte Franziskus zu seinen Brüdern und erzählte ihnen alles. „Gott hat dir eine tolle Idee geschenkt", sagten sie. „Wir werden durch die Dörfer und Städte wandern und die Menschen zu dem Weihnachtsfest in der Höhle einladen!"

Endlich war die Heilige Nacht da. Von überall her stiegen Männer, Frauen und Kinder mit Fackeln den Berg nach Greccio hinauf. Im Wald hörte man viele Stimmen, einige Leute sangen. Nach und nach kamen alle an der großen Höhle an. Das Licht der Fackeln vertrieb die Finsternis. Man sah einen Ochsen, einen Esel und eine Futterkrippe. Es roch nach frischem Heu und Stroh.

Franziskus fing an, ein Weihnachtslied zu singen, und die Menschen stimmten mit ein. Einige Leute aus Greccio begleiteten den Gesang mit Geigen und Flöten; man konnte auch eine Trommel und Trompeten hören. Fünf Kinder schlugen mit einfachen Hölzern den Takt. Das Echo verstärkte alles. Noch nie hatte jemand solche Musik gehört!

Plötzlich kamen ein Mann und eine Frau mit einem neugeborenen Kind. Langsam liefen sie auf die Höhle zu. Sacht legte die Frau das Kind in die Futterkrippe und setzte sich auf den Strohballen.

Etwas später drängten sich Hirten mit Schafen an den Leuten
vorbei. Die Hirten trugen alte, zerrissene Kittel und rochen
nach den Tieren. Die Schafe blökten, der Ochse brummte
und der Esel stieß ein aufgeregtes I-ah aus. Als sie in Höhle
ankamen, fielen sie vor der Krippe auf die Knie und beteten.
Dann erzählte Franziskus von Gottes Liebe und von der Geburt
Jesu. Auch die Kinder verstanden seine Worte; sie konnten ja
alles ganz genau sehen, hören und riechen.
Als später wieder alle nach Hause liefen, konnten sie nicht
aufhören zu singen und Gott zu loben. Jetzt wussten sie, was
Weihnachten ist: Gott hat seinen Sohn auf die Erde geschickt.
Jesus kam als kleines, armes Kind zur Welt. Aus Liebe zu uns
Menschen.

„Das war eine schöne Geschichte!", seufzte Emma. „Deshalb haben wir auch die Krippe von Frau Brückner aufgebaut. Und als die vielen Leute gesungen und musiziert haben, klang das bestimmt richtig cool." Dann fing Emma an zu singen: „Ihr Kinderlein kommet ..."

 ## Gemeinsam singen

Singt mit Emma ein Lied, in dem es um die Geburt von Jesus geht. Zum Beispiel „Ihr Kinderlein kommet", „Kommet, ihr Hirten" oder „Stille Nacht, heilige Nacht". Oder einen coolen Weihnachtssong von Mike Müllerbauer:

„Komm, wir gehn nach Bethlehem"

„Wir wollen das Wunder-Wunder sehn"

Ein besonderer Heiligabend

Bei Familie Sandner hatte gerade die Bescherung statt-
gefunden. Aus der Stereoanlage klang leise das Lied
„Stille Nacht, heilige Nacht" und Wolfi kaute genüsslich
auf einem Geschenkbändchen herum. „Oh, schon so
spät!", rief Emma auf einmal und sprang auf. „Kommt,
jetzt zeigen wir euch die Krippenlandschaft!"
Philipp legte sein neues Lego-Technic-Set zur Seite.
„Stimmt. Frau Brückner hat gesagt, gegen zwanzig Uhr
sollen wir kommen."
Mama deutete auf einen Karton, in dem die gebastelten
Sachen für die Hausbewohner lagen. „Vergesst eure
Überraschungen nicht!"
„Stimmt!" Emma nickte. „Bloß gut, dass wir früh genug
angefangen haben. Sonst hätten wir jetzt keine Ge-
schenke für alle."

Als Emma und Philipp mit ihren Eltern das Wohnzimmer von Frau Brückner betraten, saßen die meisten Hausbewohner schon um den großen runden Tisch. Sogar der brummige Herr Ottmann war gekommen, und Frau Rumpel, die immer etwas zu schimpfen hatte. Eduard lief aufgeregt auf seiner Käfigstange hin und her und rief immer wieder: „Hereinspaziert! Hallo, ballo!"

Jeder Gast hatte etwas zum Naschen mitgebracht und Mama stellte einen Teller mit selbstgebackenen Plätzchen dazu.

Endlich kamen noch Felix und Lilly mit ihren Eltern. „Herzlich willkommen!", begrüßte Frau Brückner sie.

„Hallo, ballo", krächzte der Papagei. „Hereinspaziert, hereinspaziert!"

„Tolle Idee, diese Einladung", brummte Herr Ottmann. „Hätte sonst allein in meiner Stube gesessen."

„Ich auch." Frau Rumpel nahm einen Lebkuchen. „Wer hat schon Lust, an Heiligabend eine alte Frau zu besuchen?

Der Vater von Felix und Lilly blieb vor der Krippenlandschaft stehen. „Das ist aber schön geworden!"

Frau Brückner trat neben ihn. „Ja, die Kinder haben alles so aufgebaut, dass die Weihnachtsgeschichte für uns lebendig werden kann. Und da heute der Heilige

Abend ist, habe ich Herrn Sandner gebeten, uns die
Geschichte von der Geburt Jesu vorzulesen."
Emma klatschte in die Hände. „Papa hat extra seine
Bibel mitgebracht!"
Emmas Vater lächelte. „Ja, aber ich werde die
Weihnachtgeschichte lieber erzählen. Wer mag, kann
sie sich danach noch einmal durchlesen."
Eduard rüttelte mit dem Schnabel an der Käfigtür.
„Hereinspaziert, hereinspaziert!"
Herr Sandner schaute in die Runde, räusperte sich und
fing an:

Maria und Josef wohnten in Nazareth. „Bald wird unser Kind geboren werden", freute sich Maria. „Jesus, Gottes Sohn. So hat es mir der Engel vorhergesagt. So wird es geschehen."

Das Land, in dem Maria und Josef lebten, gehörte zum Römischen Reich. Der Herrscher dieses Reiches war Kaiser Augustus. Überall im Land hatte Augustus seine Stellvertreter. Dazu gehörten auch die römischen Soldaten. Sie achteten darauf, dass alle Menschen dem Kaiser gehorchten.

Eines Tages kam Josef aufgeregt nach Hause: „Kaiser Augustus führt eine Volkszählung durch! Alle sollen Steuern zahlen, also Geld an den Staat geben. Deshalb muss jeder in seinen Geburtsort gehen und sich dort in die Listen eintragen lassen. Wer das nicht tut, wird bestraft! Meine Vorfahren kommen ja aus Bethlehem, Maria. Also müssen wir dahin gehen."

„Bis nach Bethlehem ist es sehr weit. Und bald kommt unser Kind!" Maria strich sich über den Bauch. „Aber Gott wird seinen Sohn beschützen."

Also fingen sie an zu packen. Fladenbrot und Käse, Obst und Wasser, Zeltplanen und Decken für die Nacht. Josef schnallte das Bündel auf den Rücken seines Esels und dann wanderten sie los.

Es war eine weite Reise. Manchmal mussten sie durch dunkle Täler gehen, manchmal führte der Weg steil bergauf.

In manchen Gegenden gab es wilde Tiere und Räuber, die sich im Wald oder in Felshöhlen versteckten. Maria taten die Füße weh, es war anstrengend, mit einem Baby im Bauch so weit zu laufen.

Endlich kamen sie in Bethlehem an. Josef klopfte an die Tür einer Herberge. Als der Wirt öffnete, sagte Josef: „Wir kommen von weit her und suchen eine Unterkunft."

Der Wirt schüttelte den Kopf. „Das Haus ist voll, ich habe keinen Platz für euch. Viele Leute sind schon da, wegen der Volkszählung. "

Maria und Josef suchten weiter nach einer Unterkunft. Schließlich fanden sie einen Stall, in dem ein Ochse stand. Hier war es warm und trocken und auch der Esel hatte noch Platz. Erschöpft ließ Maria sich ins Stroh fallen.

In der Nacht, als es ganz dunkel war, bekam Maria ihren ersten Sohn. Sie nannte ihn Jesus, denn so hatte der Engel es ihr aufgetragen.

In der Nähe von Bethlehem waren Hirten bei den Schafen auf der Weide. Die Leute mochten die Hirten nicht. Sie rümpften die Nase und sagten: „Die Hirten schlafen im Freien, waschen ihre Kleidung selten und riechen wie ihre Tiere. Mit diesen Kerlen wollen wir nichts zu tun haben." Die Hirten blieben auch nachts bei den Tieren auf der Weide. Sie passten auf, dass sich kein Schaf verirrte und kein Raubtier die Herde überfiel. So war es auch in dieser Nacht. Plötzlich wurde es hell wie am Tag. Die Hirten erschraken. „Was ist das? Das gibt es doch nicht! Das Licht blendet uns, dabei ist es mitten in der Nacht!"

Auf einmal war da ein Engel und die Hirten fürchteten sich noch mehr. „Habt keine Angst", sagte der Engel. „Ich bringe euch eine frohe Botschaft von Gott. Ihr könnt euch freuen, denn heute ist Gottes Sohn geboren. Er ist in derselben Stadt geboren, in der auch schon David geboren wurde. Für euch hat Gott seinen Sohn auf die Erde geschickt. Für euch und alle Menschen auf der ganzen Welt. Und das ist das Zeichen: Das Kind liegt in Windeln gewickelt in einer Futterkrippe."

Plötzlich waren die Hirten von unzähligen Engeln umgeben.

Die Engel lobten Gott: „Ehre sei Gott! Überall auf der Welt, im Himmel und auf der Erde. Gott hat die Menschen lieb. Er wendet sich den Menschen zu. Aus Liebe lässt Gott seinen Sohn auf die Welt kommen. Auf der Erde soll Frieden sein und die Menschen sollen Gottes Liebe kennenlernen."

Als alles wieder still war, sagte einer der Hirten: „Die Stadt, in der David geboren wurde, ist Bethlehem. Das ist nicht weit von hier. Lasst uns hingehen! Der Engel hat gesagt, das Kind liegt in einer Futterkrippe. Wäre es in einem Schloss geboren worden oder in einem Palast, würde uns niemand da hineinlassen. Aber eine Futterkrippe steht in einem Stall. Also kommt! Besuchen wir das Kind!"

Sofort machten sich die Hirten auf den Weg. Bald fanden sie Maria, Josef und das Kind in der Futterkrippe. Die Hirten erzählten Maria und Josef, was ihnen der Engel über das Kind gesagt hatte. Danach kehrten sie voller Freude zurück zu ihren Schafherden.

„Danke Gott, vielen Dank!", beteten sie. „Du hast deinen Engel zu uns geschickt. Zu uns, den armen, verachteten Hirten. Der Engel hat uns von der Geburt deines Sohnes erzählt. Wir durften das Kind sehen. Du hast uns lieb, Gott. Das wissen wir jetzt."

Papa machte eine kleine Pause. Dann deutete er auf die drei Könige in der Krippenlandschaft und sagte: „Später kamen noch die Weisen aus dem Morgenland. Auch sie erlebten: Gott liebt alle Menschen. Auch die Fremden, die aus einem fernen Land kommen."

Eine Weile war es ganz still. Dann räusperte sich Herr Ottmann. „Eine schöne Geschichte. Hab ich lange nicht gehört."

Frau Rumpel fing an, in ihrer Tasche zu kramen. Nach und nach legte sie mehrere kleine Päckchen auf den Tisch. „Für die Kinder. Weil Weihnachten ist."

Da holten auch Emma und Philipp ihre Geschenke und verteilten sie. Alle freuten sich sehr. Selbst Frau Rumpel hatte Tränen in den Augen und schimpfte kein einziges Mal. Und Herr Ottmann strahlte übers ganze Gesicht, wie es die Kinder noch nie bei ihm gesehen hatten.

„Weihnachtsgeschichte!", krächzte Eduard. „Friede auf Erden! Friede, Friede!"

 ## Danke, Jesus!

Schreibt oder malt auf kleine herzförmige Kärtchen, wofür ihr Jesus danken wollt. Er hat schließlich an Weihnachten Geburtstag und freut sich, wenn wir mit ihm reden!
So schneidest du aus Papier ein Herz:

- Falte ein Stück farbiges Papier in der Mitte zusammen.
- Male dann ein halbes Herz an der Knickkante auf. Anschließend das halbe Herz ausschneiden und aufklappen.

Der Verlag weist ausdrücklich darauf hin, dass im Text enthaltene externe Links vom Verlag nur bis zum Zeitpunkt der Buchveröffentlichung eingesehen werden konnten. Auf spätere Veränderungen hat der Verlag keinerlei Einfluss. Eine Haftung des Verlags ist daher ausgeschlossen.

© 2022 by Gerth Medien

in der SCM-Verlagsgruppe GmbH

Dillerberg 1, 35614 Asslar

1. Auflage 2022

Bestell-Nr. 817.899

ISBN 978-3-95734-899-9

Umschlaggestaltung und Illustrationen: Liliane Oser

Satz: Benita Penner

Lektorat: Verena Keil

Druck und Verarbeitung: Finidr s.r.o.

Printed in Czech Republic

www.gerth.de